GRILLREZEPTE

Die Besten Vegetarischen Rezepte Für Den Grill

(Die Besten Rezepte Für Den Gasgrill Ideal Für Anfänger)

Kerstin Bauer

Herausgegeben von Alex Howard

© **Kerstin Bauer**

All Rights Reserved

Grillrezepte: Die Besten Vegetarischen Rezepte Für Den Grill (Die Besten Rezepte Für Den Gasgrill Ideal Für Anfänger)

ISBN 978-1-77485-042-8

☐ Copyright 2021 - Alle Rechte vorbehalten.

Dieses Dokument zielt darauf ab, genaue und zuverlässige Informationen zu dem behandelten Thema und Themen bereitzustellen. Die Publikation wird mit dem Gedanken verkauft, dass der Verlag keine buchhalterischen, behördlich zugelassenen oder anderweitig qualifizierten Dienstleistungen erbringen muss. Wenn rechtliche oder berufliche Beratung erforderlich ist, sollte eine in diesem Beruf praktizierte Person bestellt werden.
- Aus einer Grundsatzerklärung, die von einem Ausschuss der American Bar Association und einem Ausschuss der Verlage und Verbände gleichermaßen angenommen und gebilligt wurde.
Es ist in keiner Weise legal, Teile dieses Dokuments in elektronischer Form oder in gedruckter Form zu reproduzieren, zu vervielfältigen oder zu übertragen. Das Aufzeichnen dieser Veröffentlichung ist strengstens untersagt und jegliche Speicherung dieses Dokuments ist nur mit schriftlicher Genehmigung des Herausgebers gestattet. Alle Rechte vorbehalten.
Die hierin bereitgestellten Informationen sind wahrheitsgemäß und konsistent, da jede Haftung in Bezug auf Unachtsamkeit oder auf andere Weise durch die Verwendung oder den Missbrauch von Richtlinien, Prozessen oder Anweisungen, die darin enthalten sind, in der alleinigen und vollständigen Verantwortung des Lesers des Empfängers liegt. In keinem Fall wird dem Verlag eine rechtliche Verantwortung oder Schuld für

etwaige Reparaturen, Schäden oder Verluste auf Grund der hierin enthaltenen Informationen direkt oder indirekt angelastet.

Der Autor besitzt alle Urheberrechte, die nicht beim Verlag liegen.

Die hierin enthaltenen Informationen werden ausschließlich zu Informationszwecken angeboten und sind daher universell. Die Darstellung der Informationen erfolgt ohne Vertrag oder Gewährleistung jeglicher Art.

Die verwendeten Markenzeichen sind ohne Zustimmung und die Veröffentlichung der Marke ist ohne Erlaubnis oder Unterstützung durch den Markeninhaber. Alle Warenzeichen und Marken in diesem Buch dienen nur zu Erläuterungszwecken und gehören den Eigentümern selbst und sind nicht mit diesem Dokument verbunden.

Inhaltsverzeichnis

Tipps und Tricks, damit das Grillen zum perfekten Genuss wird 1
Welches Fleisch eignet sich zum Grillen? 3
   1. Rindfleisch 4
   2. Schweinefleisch 4
   4. Lammfleisch 4
   5. Fisch 5
Tipps für die richtigen Garzeiten und Gewürze 6
Vor-und Nachteile eines Elektrogrills 12
Verbrauch eines Elektrogrills 12
Reinigung des Elektrogrills 13
Was ist die beste Grilltemperatur? 14
Grillen ohne Thermometer 15
Grillen mit Thermometer 16
Direktes bzw. Indirektes Grillen 16
Vegetarisch Grillen 17
Steak ist nicht gleich Steak! 18
Smoky-Barbecue-Sauce 19
Tocco Rosso 20
Pitabrot vom Grill 21
Gegrilltes Gemüse 22

Gegrillter Schweinebauch	24
Gegrilltes Gemüse mit Soja-Gehacktem im Pitabrot	25
Zaziki	27
Cashewkern-Dip (Vegan)	28
Hummus	29
Knoblauchpesto	30
Spargel mit Bacon vom Grill	31
Grillmarinade	32
Rinder-Hüftsteaks in Bier-Senf-Marinade	34
Vegane Tocas	35
Grüne-Sauce	37
Pindzur	38
Chorizo-Rindfleisch-Spieße	40
Tomaten-Sojamarinade	42
Päckchen mit grünem Spargel vom Grill	43
Focaccia	45
Gegrillte Möhren	47
Scharfe Kartöffelchen mit Dip	48
Kräutermarinade	50
Gefüllte Hähnchenbrust	51
Rinderbraten mit Gedämpften Mangold	53
Feta zum Grillen	56
Kräuter Maiskolben	57

Fischburger 58

Mixed Grill 60

Bayrischer Rollbraten 62

Lammkeule 64

Cashewmusaufstrich 66

Mozzarella - Tomaten vom Grill 67

Für 10 Minuten auf dem Grill braten gegrillte Jakobsmuscheln 68

Scharfe-Hähnchenschenkel 69

Schaschlik mit Bananensauce 70

Thailändischer Mangosalat mit gerösteten Erdnüssen 72

Chicorée-Birnen-Sellerie-Salat 74

Gefüllte Paprikaschoten vom Grill 75

Für mindestens zehn Minuten auf den Grill geben Hähnchen-Kürbis-Spieße 76

Cevapcici mit Zaziki 77

Calvadosspieße 79

Halloumi-Pfirsichen-Salat 80

Papaya - Hähnchen - Spieße für den Grill 82

Barbecue-Putenschnecken 84

Ananas im Speckmantel 85

Tamarillos im Speck 86

Seeteufel-Papaya-Spieße 88

Schmetterlingssteak 89

- Melonen-Käse-Salat 91
- Marinierte Putenschnitzel zum Grillen 92
- Stockbrot 93
- Schweinefilet-Spieße 93
- Gegrillte Strömlinge 95
- Rosmarinhähnchen mit selbstgemachter Curry-Mayonnaise 97
- Tofu mit Honig-Dijon-Marinade 100
- Filetstreifen am Spieß 101
- Gegrillte Jackfruit, feurig 103
- Rinderfilet vom Grill mit Mango - Preiselbeer – Chutney 105
- Barbecue-Sauce 107
- Paprikaspieße 108
- Gegrillter Spargel mit Pecorino 109
- Baby Back Ribs 110
- Gorgonzola-Melonen-Spieße 112
- Lachstoast vom Grill 113
- Aioli Grillsauce 115
- Steckerlfisch 116
- Gefüllte Paprika mit Tofu (Vegan) 117
- Thunfisch auf Brokkolisalat 118
- Auberginen mit Käsefüllung 121
- Kräuterbutter / Grill & Steak Butter 122

Cremige Butter	123
Mexikanische Avocadosauce	125
Gegrillter Spargel mit Pecorino	126
Grillgemüse mit Honig-Balsamico-Marinade	127
Gegrillte Austern	129
Artischocken mit Basilikumöl Dip	131
Burger aus Kidneybohnen	133
Gegrillter grüner Spargel mit Schinken (Kanada)	134
Mix-Salat	135
Veganer Gemüse-Burger	137
Gegrillte Feigen	140
Gegrillte Pflaumen mit Honig-Zitronen-Joghurt	141
Couscous Salat mit Minze	143
Rehkeule	144
Joghurt-Knoblauch Dipp	146
Gegrilltes Gemüse	147
Gegrilltes Gemüse	149
Auberginen-Kebap	150
Sardine auf Brötchen	151
Gefüllte Paprika mit Quinoa	152
Cevapcicis im Speckmantel	154
Käsiges Baguette	155
Grillmarinade	156

Gegrillte Mangos mit Himbeersauce 158
Ribeye-Steaks mit Chili-Paprika-Rub 159
Fischfrikadellen vom Grill 160
Hähnchen Pesto in Gegrillte Pilze 162
Gegrillte Lammspieße mit Aprikosen 164
Blätterteig-Schnecken 165
Focaccia 166
Schwertfischkoteletts 169
Schweinerücken in Whiskey-Marinade 170
Schoko - Banane vom Grill 171
Kartoffelsalat mit Frühlingszwiebeln 172
Maisbrot 173
Huhn am Spieß mit Erdnusssauce 174
Gegrillter Spargel 176
Gyros-Gewürzmischung 177
Hackfleischröllchen 178
Singapore Rippchen 179
Spezial Spare Ribs 181
Cevapcici im Speckmantel 184
Kräuterbutter 185
Bruschetta mit Tomaten und Knoblauch 186
Mariniertes Thunfischsteak 188
Grillbrot 189

Tipps und Tricks, damit das Grillen zum perfekten Genuss wird

Je nachdem welchen Grill sie haben, gibt es einige wichtige Punkte, die zu beachten sind.

Wenn Sie Holzkohle oder Briketts verwenden, achten Sie beim Anzünden drauf, daß sie in der Mitte einen Stapel machen. Besonders empfehlenswert ist ein Anzündgrill. Das hat mehrere Vorteile, denn es ermöglicht bequemes, gleichmäßiges und schnelles Entzünden von Holzkohle oder Briketts und ist gleichzeitig ein Funkenschutz für sicheres Einfüllen der glühenden Kohlen in den Grill.
Es dauert etwa 20-25 Minuten, bis die Kohle gleichmäßig brennt. Wenn sie mit einer feinen grauen Ascheschicht bedeckt ist, ist der richtige Zeitpunkt, um die Kohle gleichmäßig im Grill zu verteilen und Sie können mit dem Grillen beginnen.
Wenn sie Holzkohle haben dürfen Sie auf gar keinen Fall Brennspiritus zum anfeuern verwenden, denn da werden toxische Gifte freigesetzt, die sie in Ihrem Grillgut festsetzten und Sie dann natürlich verzehren.
Die Fleisch- und Fischstücke sollten gleich dick, ideal in 2-3 cm, geschnitten sein, ebenso natürlich die Gemüse- und Käsestücke.

Wenn Sie bereits fertige Stücke haben, dann nicht direkt am Grill liegen lassen, sondern in Alufolie packen und beiseite legen.

Ideal ist es, wenn du Fleischstücke schon vorher aus dem Kühlschrank nimmst, damit sie Zimmertemperatur haben, denn so gart es nämlich gleichmäßiger durch.

Wende das Fleisch erst, wenn es sich von alleine vom Rost löst, denn dann ist es bereit – ebenso können Sie sich das für die Pfanne merken.

Welches Fleisch eignet sich zum Grillen?

Es gibt ja heute schon Grillseminare, meist vom ansässigen Fleischhauer angeboten. Solche Seminare sind sicherlich sehr empfehlenswert, denn dort bekommt man hilfreiche Tipps, wie das Ergebnis optimal wird.

Wussten Sie schon, daß es sogar eine Grillweltmeisterschaft gibt?

Hier bekommen Sie von mir einige wertvolle Tipps:
Generell gilt, daß eigentlich jedes Stück Fleisch, das auch in der Pfanne gebraten werden kann auf den Grill kommen kann. Es sollte nicht zu mager sein, denn das Fett gibt dem Fleisch einen super Geschmack, Fett ist also ein Geschmacksträger.
Beim Rindfleisch erkennt man eine super und optimale Qualität, wenn das Fleisch dunkelrot ist. Das heißt nämlich, daß es schon eine zeitlang abgehangen hat und das ist ganz wichtig bei Rindfleisch. Ebenso bei Lammfleisch, das sollte auch gut abgehangen sein, denn dann wird es besonders zart.
Bei Schweine, Hühner- und Putenfleisch hingegen sollte es so frisch als möglich sein!

1. Rindfleisch

T-Bone-, Rib Eye- und Tenderloin-Steaks sind natürlich allerbeste Ware. Es eignet sich aber auch Koch-Rindfleisch, wie das Tafelspitzfleisch, wenn dieses gut gereift und mit gleichmäßiger Fettabdeckung versehen ist.

2. Schweinefleisch

Hier eignet sich auch das sogenannte Schweinerückensteak. Meist werden Stücke aus dem Nacken oder dem Rücken verwendet. Ebenfalls beliebt sind die Koteletts, Schnitzel oder Schweinebauch. Auch hier ist das Fett der Geschmacksträger.

Ebenfalls geeignet sind Schweinefilets oder Schweinelende, die sind meist etwas teurer.

3. Puten- oder Geflügelfleisch

Dafür geeignet sind die Schnitzerl, Schenkel und Bruststücke. Wenn es möglich ist, ist zu empfehlen, daß das Stück mit Haut gegrillt wird, denn die Haut schützt das Fleisch vor der Hitze und vor dem Austrocknen.

4. Lammfleisch

Perfekt geeignet sind hier Lammkeule oder Koteletts vom Rücken oder Nacken.

Hier gilt: wenn Sie den intensiven Geschmack von Lamm nicht so gerne mögen, dann schneiden sie die

Fettränder unbedingt weg.

5. Fisch

Fische mit höherem Fettgehalt eignen sich optimal, denn dann wird das Stück besonders zart. Am besten sollten ganze Filets gegrillt werden und je fester die Konsistenz des Fisches ist, desto besser handhabbar ist er. Natürlich können auch ganze Fische, wie bei Forellen oder Lachsforellen gegrillt werden.

Geeignet sind Thunfisch, Lachs, Forelle, Lachsforelle, Hering, Makrele, Saibling, Zander, Sardine, Goldbrasse, uvm.

Fische bitte immer in Alufolie einpacken, denn sonst zerfallen die Teile.

Tipps für die richtigen Garzeiten und Gewürze

Die Grillprofis geben den Tipp das Fleisch 1 Minuten beidseitig mit großer Hitze anzubraten, damit sich die Poren schließen und dann bei weniger Hitze weiterzubraten. Weniger Hitze erreicht man, wenn man entweder den Rost höher stellt oder die meiste Kohle einfach zur Seite schiebt und dann bei mäßiger Hitze sozusagen weiterbrät.

Die ungefähre Regel für das Braten von Fleisch ist, daß größere und dickere Stück 15–20 Minuten zum Braten brauchen. Wobei sicher das Putenfleisch das Fleisch ist, das am wenigsten lang braucht. Es sollte unbedingt darauf geachtet werden, daß das Fleisch noch saftig ist, denn wenn es zu lange gegrillt wird, ist es trocken und ist nicht mehr gut zu genießen.

Spieße sind in ca. 10-15 Minuten durch, Hamburger und Würstel in ca. 5-10 Minuten.

Fischfilets sind meist nach 5-10 Minuten gar, ganze Fische ungefähr etwa nach 15-20 Minuten. Ich empfehle Ihnen bei ganzen Fischen die Haut einzuritzen, denn dann werden sie schneller gar.

Gewürzt wird jedes Fleisch oder jeder Fisch erst nach dem Grillen, ansonsten verbrennen zum Beispiel die

Pfefferkörne oder die verwendeten Kräuter und das beeinflusst den Geschmack negativ. Fisch kann sehr viel intensiver gewürzt werden als Fleisch.

Ich würde vorwiegend Salz, Pfeffer und Kräuter bevorzugen, keine vormarinierten Stücke, denn ich mag es viel mehr, wenn man den Eigengeschmack gut wahrnehmen kann. Von dem abgesehen, daß es natürlich viel gesünder ist. Aber das ist natürlich jedem selber überlassen. Wenn Sie es über Nacht gewürztem Öl einlegen kann das Fleisch gut durchziehen und es bekommt einen fantastischen Geschmack. Dann ist es allerdingst besser, wenn Sie das Stück in Alufolie packen bei Grillen, denn sonst tropft das Öl ins Feuer und das erzeugt unangenehmen Rauch.

Stechen Sie niemals mit einer Gabel in das Fleisch, denn sonst kann hier Fleischsaft entweichen.

Es gibt den sogenannten Drucktest beim Steak, um herauszufinden, ob das Fleisch Medium ist. Wenn Sie mit dem Finger in die Mitte des Fleisches drücken sollte es sich so anfühlen, als würden sie auf ihre Wange tasten. Ein weitsers Zeichen, daß das Fleisch medium gebraten ist, wenn beim Rindfleisch Saft auszutreten beginnt, sozusagen wenn es beginnt zu Schwitzen, dann ist es genau Medium.

Vorwort

Hallo liebe Leserin und lieber Leser, danke das du dich für dieses tolle Grillkochbuch entschieden hast. Bevor wir jedoch in die Rezepte starten, möchte ich erstmal über die Grundlagen des Grillens sprechen. Grillen beziehungsweise das Braten über dem offenen Feuer ist eine ursprüngliche Methode des Garens von Lebensmittel– sie verlangt nur die Beherrschung des Feuers und benötigt kein Kochgeschirr. Grillen ist eine der weltweit beliebtesten sozialen Freizeitbeschäftigungen. Gegrillt wird in Privatgärten, auf Balkonen sowie auf öffentlichen oder vereinseigenen Grillplätzen. Grillgeräte und Holzkohle können in Deutschland nach DIN-EN 1860 genormt werden. Eines der gängigsten Zeichen auf dem Markt ist das DIN-Geprüft oder DINplus. Beim Grillen wird das Gargut im Wesentlichen durch Wärmestrahlung gegart und an der Oberfläche geröstet. Dazu wird es entweder mithilfe eines Fleißspießes oder auf einem Grillrost über, neben oder unter einer strahlenden Wärmequelle gehalten. Als Hitzequelle dienen Holzfeuer oder Holzglut, Gas, durch Gas erhitzte Steine oder elektrische Heizschleifen. Die beim Grillen entstehenden Röststoffe führen zum typischen Geschmack des Gargutes. Anders als oft behauptet wird, entstehen beim Grillen mit hochwertiger Holzkohle keine zusätzlichen Aromastoffe. In der stationären und mobilen Gastronomie westlicher Länder werden wegen der besseren Steuerbarkeit der Hitze fast ausschließlich elektrische oder gasbetriebene Grills verwendet.

Nun möchte ich mit euch noch über die besten Fleischsorten zum Grillen sprechen:

Warum Rindfleisch?
Die meisten Feinschmecker schwören beim richtigen Grillen auf Rindfleisch.
Das Roostbeef stammt aus der Rinderlende und wird entweder am Stück oder in Scheiben als Rumpsteak gegrillt.
Die billigere Variante ist Rindfleisch aus der Hochrippe (Rib-Ey-Steak), welches auch sehr saftiges Rindfleisch ist. Die Fleischstücke sollten mindestens 3 -5 cm dick sein sonst werden sie zu zäh. Entrecote und T-Bone sind weitere gute Stücke vom Rind.
Leckere Steaks stammen aus der Rinderhüfte und sind stark mit Fett durchzogen, was gut für den Geschmack ist. Beim Kauf sollten Sie darauf achten, dass das Rindfleisch nicht hell, sondern dunkelrot gefärbt ist.

Warum Schweinefleisch?
Mit Schweinesteak hat man ein saftiges und einfach zu grillendes Steak an der Hand. Die Stücke aus dem Nacken oder Rücken des Schweins sind dabei zum Grillen sehr beliebt. Sehr unkompliziert in der Handhabung sind auch Koteletts oder Schnitzel vom Schwein. Dabei sollte das Fleisch nicht zu mager sein und einen Fettrand haben.

Warum Lammfleisch?
Wenn es gut abgehangen ist, dann ist Lammfleisch besonders zart. Am besten lässt du dir die Fleischstücke quer zur Faser vom Metzger schneiden. Die Stücke dürfen auch nicht zu dünn sein, ansonsten trocknet das Fleisch beim Grillen schnell aus.

Warum Geflügelfleisch?
Für den Grill eignet sich auch gut Hähnchen und Putenfleisch. Am besten die einzelnen Teile mit der Haut zubereiten, dadurch wird das Fleisch vor dem Austrocknen geschützt und es wird schön zart. Gut geeignet sind Putenschenkel und Hähnchenschenkel.

Warum Fisch grillen?
Eigentlich lassen sich alle Fischsorten grillen, doch es gilt die Faustregel, das Fische mit eher festem Fleisch wie Thunfisch, Lachs oder Makrele besser zum Grillen geeignet sind, da sie nicht so schnell auseinanderfallen. Fische mit einem höheren Fettgehalt trocknen außerdem weniger schnell aus.

Vegetarisches Grillen
Über den glühenden Kohlen kann auch sehr gut Gemüse gegrillt werden, ob ein mediterran-aromatisches Gemüsetürmchen oder ein feurig-scharfer Maiskolben. Gegrillte Champions sind auch was Feines und sollten bei keinem Grillabend fehlen.

Beilagen zum Grillen:
Als Beilagen schmecken alle Arten von Salaten, mariniertes Gemüse, selbstgebackenes Brot und vielfältige gewürzte Dips.

Die Salate sind der Klassiker:
Zum Grillen sind Salate der Klassiker unter den Beilagen. Egal ob grüner Blattsalat, Nudel und Kartoffelsalat. Diese kalte Grillbeilage lässt sich super vorbereiten und mitnehmen. Heimische Gemüse wie Tomaten, Gurken oder Radieschen schmecken im Sommer besonders aromatisch und machen Salate zum Gaumenschmaus.

Das Gemüse, das nicht auf dem Grill landet, ist auch sehr gut geeignet für Beilagen: Zucchini, Aubergine und Co. sind tolle Beilagen zum Grillen. Rohkost, Paprika oder Gurken können beispielsweise gedippt werden und bei Oliven und Antipasti greift auch immer jeder zu.

Brot und Dips
Entweder frisch gebacken oder kurz über dem Grill geröstet. Besonders lecker schmeckt es mit selbst gemachter Kräuterbutter, Tsatsiki oder leckere Dips.

Vor-und Nachteile eines Elektrogrills

Vorteile:

- Grillen im Innenraum oder auf dem Balkon möglich
- Gesundes Grillen
- Keine Rauchentwicklung
- Einfache Reinigung
- Keine erhöhte Brand- oder Verletzungsgefahr durch offenes Feuer
- Schnelles Anheizen

Nachteile:

- Abhängig von einer Stromquelle (Nicht mobil)
- Kein Holzaroma
- Fehlendes „Grill-Feeling"
- Lange Grilldauer bei leistungsschwachem Modell

Verbrauch eines Elektrogrills

Egal, ob Sie Fisch, Fleisch oder veganes und vegetarisches Essen grillen möchten, der Elektrogrill muss genügend Strom haben. Bitte achten Sie vor dem Kauf auf die Leistung der Geräte. Elektrogrills mit nur kleinen Grillflächen haben normalerweise weniger Leistung als größere Geräte. Ein Elektrogrill mit 2.000 Watt Leistung dürfte ohne weiteres seine Soll erfüllen.

Nur so kann ausreichend Wärme bereitgestellt werden. Die hohe Temperatur des Grills sorgt dafür, dass sich die Poren des Fleisches schließt und außen knusprig wird und innen saftig bleibt. Bei fehlender Hitze kann es vorkommen, dass das Fleisch zu lange garen muss. Das Ergebnis ist ein zähes Stück Fleisch ohne knusprige Kruste.

Reinigung des Elektrogrills

Sobald das Netzkabel abgezogen und der Elektrogrill ausreichend abgekühlt ist, kann der Grill in seine Einzelteile zerlegt werden. Bei Modellen mit offener Heizspirale zuerst das Wasser in der Auffang-wanne entleeren und dann mit einem Reinigungsmittel unter dem Wasserhahn abspülen. Wenn sich viel Fett in der Badewanne befindet, wischen Sie es bitte mit einem Küchentuch sauber und entsorgen Sie dann. Sie können auch einige Fettwannen in die Spülmaschine stellen. Der Grillrost lässt sich am besten reinigen, wenn er noch warm ist. Bei starker Verschmutzung den Grillrost über Nacht in eine feuchte Zeitung legen. Stellen Sie sicher, dass die Heizspirale nicht mit viel Wasser in Kontakt kommt. Sie können die Grillreste von der Heizspirale mit den Fingern abkratzen, wenn die sie komplett abgekühlt ist.

Was ist die beste Grilltemperatur?

Die optimale Grilltemperatur sieht für jedes Lebensmittel anders aus. Dies zeigt die Temperatur an, bei der eine besonders schonende und effektive Zubereitung vom Grill bis zum Erreichen der endgültigen Kerntemperatur erfolgt. Aber auch für Gäste, die eine fleischlose Ernährung bevorzugen, müssen Sie die Grilltemperatur anpassen. Denn nicht nur beim Grillen von Gemüse ist die richtige Grilltemperatur entscheidend für erfolgreiches Grillen, sondern auch für Fleischersatz beim Grillen von Veganern oder Vegetariern.

Die folgenden Richtlinien sollten für ein ideales Grillgut beachtet werden:

Fisch 100-175 °C
Steak 230-280 °C
Geflügel 140-200 °C
Gemüse 150-180 °C
Fleischersatz 175-200 °C
Wild 130-180 °C

Je dünner das Fleisch, desto höher die Grilltemperatur. Heiß und schnell - das ist das Motto von dünnem Grillgut. Dazu gehören beispielsweise Spargel, Garnelen, Schnitzel oder sehr dünne Steaks, die als

Minutensteaks bezeichnet werden. Dieses Grillgut sollte nicht zu lange auf dem Grill liegen bleiben, da sonst das Innere verkocht wird. Nach ca. 4-5 Minuten sollte das Fleisch bei einer höheren Grilltemperatur gewendet werden. Wenn oben Fleischsaft erscheint, werden unten die Poren ge-schlossen. Wenn Ihr Steak blutig sein soll ist, drehen Sie es bitte direkt um - andernfalls warten Sie bitte noch eine Minute. Die Grilltemperatur liegt hier üblicherweise zwischen 230 und 280 ° C.

Grillen ohne Thermometer

Wenn Ihr Grill kein Thermometer zur Anzeige der Temperatur hat, können Sie auch die Temperatur des Grills mit Ihren eigenen Händen testen. Keine Sorge, Sie müssen nicht direkt in die Glut stecken - sonst müssen Sie nicht auf die ideale Grilltemperatur warten, sondern nur auf den Krankenwagen. Ein einfacher manueller Test kann die Temperatur des Grills grob bestimmen. Legen Sie dazu Ihre Handfläche ca. 12 cm über den Grill. Je nachdem, wie lange Sie der Hitze standhalten können, bevor Sie die Hand wegziehen, ist die Grilltemperatur höher.

8 -10 Sekunden 110-170 °C = niedriger Garbereich
5-7 Sekunden 170-230 °C = mittlerer Garbereich

1-4 Sekunden 230-300 °C = hoher Garbereich

Grillen mit Thermometer

Wenn Sie die Temperatur des Grills genau auf das Fleisch des jeweiligen Grills einstellen möchten, benötigen Sie lediglich ein Thermometer und kennen die genaue Mitteltemperatur. Mit Hilfe der Kerntemperatur können Sie das Essen zart und saftig grillen. Stellen Sie das Thermometer so auf, dass sich der Temperatursensor genau in der Mitte des Fleisches befindet.

Direktes bzw. Indirektes Grillen

Direktes und **indirektes** Grillen ist keineswegs ein Begriff für jeden Grillfan. Die meisten Würste, Steaks und anderen Grillgerichte werden einfach auf den Grill gelegt und gegrillt, bis sie eine braune Kruste bilden. Diese Grillmethode wird als direktes Grillen bezeichnet. Das direkte Grillen eignet sich besonders für Fleisch, das in kurzer Zeit bei hohen Temperaturen gegrillt wird. Dazu gehören Hamburger, dünne Steaks und Hähnchen- oder Putenbrust.

Indirektes Grillen bedeutet andererseits, dass das Essen schonend und langsam gegrillt wird. Es befindet sich nicht direkt über der Hitze, sondern indirekt daneben. Wenn Sie größeres oder dickeres Fleisch, ganzes Geflügel, Rippchen, Fisch oder vegetarische Grillgut grillen möchten, sollten Sie diese Grillmethode verwenden. Mit Gemüse und Fisch können Sie indirekt schonender grillen, damit die Vitamine erhalten bleiben und das Essen nicht austrocknet. Ganzes Fleisch oder dickere Steaks werden durch direktes Grillen von außen verbrannt, während das Innere noch roh ist - deshalb gilt auch Folgendes: Indirektes Grillen ist die erste Wahl für dickes gegrilltes Fleisch.

Vegetarisch Grillen

Vegetarisch Grillen bedeutet, dass Sie ohne Fleisch oder Fisch grillen. Wenn Sie sich jedoch mit vegetarischem Grillen beschäftigen, werden Sie schnell feststellen, dass Vegetarier auf dem Grill sehr vielfältig, farbenfroh und köstlich sein können. Sie können nicht nur Gemüse, Käse, Feta-Käse, Obst- und Fleischersatz grillen, sondern Sie und Ihre Gäste können auch köstliche Salate, Brot mit Dip-Sauce und andere köstliche Beilagen bis zum Grillen essen. Im Allgemeinen gilt das Gleiche sowohl für das vegetarische Grillen als auch für das Grillen von Fleisch: Seien Sie kreativ und probieren Sie etwas Neues aus - es lohnt sich. Wie wäre es mit einem Stück Tofu oder einer anderen Alternative zu gegrilltem Fleisch? Ob geräucherter Tofu, Sojaschnitzel, Seitanwürste, grüne

Pastetchen oder be-vorzugen Sie es, vegan vollständig zu grillen? Vegetarisches Grillen sorgt dafür, dass es nie langweilig wird.

Steak ist nicht gleich Steak!

Steak ist normalerweise ein Stück Rindfleisch. Steaks von anderen Tieren haben entsprechende Referenznamen in ihren Namen - zum Beispiel Kalbssteak, Schweinesteak oder Putensteak. Der Erfolg des leckeren Steaks beginnt mit dem Kauf! Egal, ob Sie Rumpsteak, Filet Mignon oder ein köstlicheres Entrecote mögen, das Steak muss gut aufgehängt und von höchster Qualität sein. Beliebte Fleischscheiben haben ihren eigenen aromatischen Geschmack und benötigen für echte Grillfans nur eine Prise Meersalz und möglicherweise eine Prise frisch gemahlenen Pfeffer. Die Steaks werden schnell zubereitet und beidseitig bei starker Hitze gegrillt, was für Geschmack und Farbe wichtig ist, und dann bei schwacher Hitze am Rand des Grills im gewünschten Zustand gegrillt. Nach Abschluss der Zubereitung sollte das Steak vor dem Verzehr einen kurzen Moment ruhen, damit der Saft im Fleisch "beruhigen" kann und nicht sofort nach dem Schneiden des Fleisches gleich wegläuft.

Smoky-Barbecue-Sauce

ERGIBT ETWA 1 GLAS
VORBEREITUNGSZEIT: 5 MIN.
ZUBEREITUNGSZEIT: 60 MIN.

200 g Ketchup
100 ml Wasser
50 ml Apfelessig
8 EL brauner Zucker
1 kleine Zwiebel, fein gewürfelt
1 EL Worcestershire Sauce
1 EL Zitronensaft
2 TL Dijon Senf
½ TL Tabasco
½ TL Pfeffer

Zwiebel mit Öl in einem Topf anschwitzen. Ketchup, Wasser, Apfelessig, Worcestershire Sauce, Tabasco und Zirtonensaft zugeben und aufkochen lassen. Restliche Zutaten dazugeben und unterrühren. Bei mittlerer Hitze ungefähr 60 Min. einkochen lassen, gelegentlich umrühren.

Tocco Rosso

6 cl Campari
6 cl Holundersirup
12 cl Prosecco
2 Liter Mineralwasser
½ Handvoll frische Minze, fein gehackt
Alle Zutaten in einem Krug miteinander vermischen. In hohen Gläsern mit Eiswürfeln servieren.

Pitabrot vom Grill

Dauer: 65 Minuten

Portionen: Für vier Personen

Zutaten:
250g Mehl
250ml lauwarmes Wasser
10g Zucker
2 Esslöffel Olivenöl
1 Packung Trockenhefe
1 Prise Salz
1 Teelöffel Olivenöl

So wird es gemacht:
Hefe im lauwarmem Wasser auflösen. Anschließend den Zucker dazugeben und ebenfalls auflösen.
In der Zwischenzeit Mehl, zwei Esslöffel Olivenöl und Hefewasser in eine Schüssel geben und zu einer homogenen Masse verarbeiten. Mit Salz abschmecken und mit dem restlichen Öl bestreichen. Für 30 Minuten zugedeckt ruhenlassen.
Die Hände leicht anfeuchten und aus dem Teig kleine Fladen formen. Mit dieser Masse können bis zu zehn Fladen geformt werden. Fladen noch einmal leicht ausrollen und für 20 Minuten ruhenlassen.
Für zwei bis drei Minuten jeweils von beiden Seiten auf einem Grill backen.

Gegrilltes Gemüse

Zutaten

2 kleineZucchini
1rote Paprikaschote
1gelbe Paprikaschote
1Zwiebel
2Kartoffel
120 mlOlivenöl
2Knoblauchzehen
1 ZweigThymian
2 ZweigeRosmarin
Salz

Zubereitung

Waschen Sie das Gemüse.
Schneiden Sie die Zucchini und die Zwiebel in ca. ½ cm dicke Scheiben.
Die Paprikaschoten vierteln und die Kartoffeln in dünne Scheiben schneiden oder hobeln.

Das Olivenöl in einer Schüssel mit zerdrücktem Knoblauch, Salz (nach Geschmack) und gehackten Kräutern geben und mischen.
Das Gemüse hinzugeben und ca. 2 Stunden durchziehen lassen. Dabei mehrmals gut umrühren.
Eine Grillschale oder Alufolie mit Olivenöl auspinseln, das Gemüse darauf verteilen und unter gelegentlichem Wenden knusprig grillen. Mit Salz abschmecken.

Gegrillter Schweinebauch

Zutaten:

600 g Schweinebauch
120 g Ketchup
1 Zitrone
3 EL Sojasauce
ein wenig Cola
Ahornsirup
Salz
Pfeffer

Zubereitung:
gepressten Zitronensaft und Cola einkochen.
Substanz mit Sojasauce, Ketchup und Ahornsirup vermengen und salzen und pfeffern.
Fleisch waschen und einschneiden.
Alles in Alufolie packen.
für 60 Minuten auf den Grill (Kugelgrill) geben gelegentlich umdrehen.

Gegrilltes Gemüse mit Soja-Gehacktem im Pitabrot

Dauer: 50 Minuten

Portionen: Für vier Personen

Zutaten:

Für die Füllung:

½ Gurke
1 Paprika
½ Zucchini
6 Champignons
20g Tomatenpesto
100g Soja-Gehacktes
Salz und Pfeffer
Chiliflocken

Für die Brote:

4 Pilatbrote
4 TL Tomatenpesto
250g Zaziki
Avocado, gewürfelt

So wird es gemacht:

Gurke schälen, waschen, längs halbieren, entkernen. Paprika entkernen und Trennwände entfernen. Zucchini waschen und würfeln. Pilze waschen und würfeln. Alles in einer Schale miteinander vermischen.
Tomatenpesto und Soja-Gehacktes dazugeben und alles wieder gut vermischen. Mit Salz und Pfeffer abschmecken. Mit Chiliflocken würzen.
Mischung in einer Grillschale grillen und mehrfach wenden. Brote auf dem Grill leicht anrösten.
Oberes Ende der Pitabrote abschneiden und in jedes Brot einen TL Tomaten-Pesto streichen. Anschließend bis zur Hälfte mit der gegrillten Gemüse-Soja-Gehacktes-Mischung füllen und darauf einen gehäuften EL veganes Zaziki geben. Weiter füllen und zum Schluss wieder etwas veganes Zaziki darauf verteilen.

Zaziki

Zutaten:
300 g Joghurt
Saft einer halben Zitrone
2-3 Knoblauchzehen
½ Salatgurke
Prise Salz und Pfeffer

Zubereitung:

Den Joghurt mit dem Zitronensaft in einer Schüssel glattrühren. Die Knoblauchzehen schälen, durch die Knoblauchpresse drücken und unter den Joghurt rühren. Die Salatgurke waschen, sehr fein reiben und ausdrücken. Die Gurkenraspeln unter den Joghurt rühren, mit Salz und Pfeffer abschmecken und dekorativ anrichten.

Cashewkern-Dip (Vegan)

Zutaten für 4 Personen:

100 g Cashewkerne
100 ml Kokosmilch
100 g Rucola
1 EL Agavendicksaft
1 TL Limettensaft
½ TL rote Curry-Paste
Salz und Pfeffer

Zubereitung:

Rucola waschen, trocknen und grob hacken. Cashewnüsse und Kokosmilch in einen Mixer geben und pürieren. Agavensirup, Curry-Paste und Limettensaft hinzufügen und erneut mischen.
Die gehackte Rucola zu einer Mischung falten und mit Salz und Pfeffer würzen. Jetzt können Sie die Dip-Sauce zum Grillen verwenden.

Hummus

ERGIBT ETWA 1 GLAS
ZUBEREITUNGSZEIT: 5 BIS 10 MIN.

1 Dose Kichererbsen (400g)
2 Zehen Knoblauch, fein gehackt
2 Stängel Koriander, fein gehackt
Saft einer Zitrone
3 EL Olivenöl
2 EL Tahini (Sesammus)
½ TL Salz
½ TL Kreuzkümmel
Pfeffer

ZUBEHÖR:
PÜRIERSTAB

Kichererbsen abseihen und kurz abtrocknen. Kichererbsen mit allen Zutaten vermengen. Mit einem Pürierstab fein pürieren, bis eine weiche Masse ohne Klumpen entsteht. In eine Schale füllen, mit frischem Koriander bestreuen.

Knoblauchpesto

8 Knoblauchzehen, gepresst
4 Handvoll frische Petersilie, fein gehackt
700 ml Olivenöl
Salz zum Abschmecken
Alle Zutaten zusammen in einem Hochleistungsmixer zu einem feinen Pesto vermischen. Zum Schluss mit Salz abschmecken.
Mit dem Pesto lassen sich vor allem Gemüse-Grill-Variationen und Kartoffelgerichte verfeinern!

Spargel mit Bacon vom Grill

Dauer: 30 Minuten

Portionen: Für eine Person

Zutaten:
5 Stangen Spargel
10 Scheiben Bacon
1 Esslöffel Butter
1 Teelöffel Zitronensaft
1 Prise Zucker
1 Prise Pfeffer

So wird es gemacht:
Spargel waschen, schälen, Enden abschneiden und mit Zitronensaft, Zucker und Pfeffer würzen. Jede Stange mit zwei Scheiben umwickeln und für die Befestigung können Zahnstocher verwendet werden.
Alufolie bereitstellen und etwas Butter mit jeweils einem Spargel drauf geben und gut verschließen.
Die Päckchen jeweils für 20 Minuten auf den Grill geben.

Grillmarinade

Zutaten

1/2 TWeißweinessig
2 ELReiswein
1/2 TSojasauce
2 ELWasser
3Knoblauchzehen, geschält und gepresst
2.5 cmgroße Stück Ingwer, geschält und fein gehackt
2 ELchinesischer Fünf-Gewürze-Pulver (nach Geschmack)
1/4 TOlivenöl
2 ELMelasse Streuwürze
grüne gemischte Kräuter, frisch und gehackt
frisch gemahlener schwarzer Pfeffer

Zubereitung

Das gewünschte Grillgut in eine Auflaufform legen.
Alle Zutaten für die Marinade in einer mittelgroßen Schüssel verrühren.
Die Mischung über das Grillgut gießen bis es gut beschichtet ist.
Für mindestens 24 Stunden abgedeckt und gekühlt ziehen lassen, eventuell von Zeit zu Zeit umdrehen.
Den Grill heizen.
Das marinierte Grillgut für etwa 4-6 Minuten von beiden Seiten grillen, servieren.

Rinder-Hüftsteaks in Bier-Senf-Marinade

Zutaten:
375 g Rinder-Hüftsteaks
1 Zwiebel
1 Knoblauchzehe
1 Zitrone
125 ml Bier
1 EL Senf
Paprikagewürz
Pfeffer

Zubereitung:
Zwiebel und Knoblauch zerkleinern
Zitrone waschen, schälen und pressen
aller Zutaten (außer Rinder-Hüftsteaks) zusammenfügen und gut verrühren
Fleisch mit Marinade bestreichen
für 4 Stunden in den Kühlschrank geben
Steaks für ungefähr 7 Minuten auf den Grill legen
gelegentlich wenden

Vegane Tocas

Dauer: 15 Minuten

Portionen: Für eine Personen

Zutaten:

2 Tortillas
200 g schwarze Bohnen
100 ml Salsa
½ TL Kreuzkümmelpulver
Salz und Pfeffer

Für den Dip:

½ Avocado
½ Knoblauchzehe
2 EL Olivenöl
2 EL Zitronensaft
1 TL Agavendicksaft
¼ Bund Koriander
1 Prise Salz

So wird es gemacht:

Die Bohnen abgießen, abspülen und abtropfen lassen. Öl in einer Pfanne erhitzen, Bohnen, Salsa und Kreuzkümmelpulver hinzugeben und alles braten. Mit

Salz und Pfeffer abschmecken. Die Bohnen mit einem Stampfer leicht zerdrücken.

Alle Zutaten für den Dip in einen Mixer geben, gut durchmixen und beiseite legen.

Die Tortillas kurz in einer Pfanne ohne Fett erwärmen. Die Bohnenmasse auf die Tortillas verteilen und mit der Sauce beträufeln.

Die Tortillas unten umklappen, von der Seite aufrollen und servieren.

Grüne-Sauce

Zutaten:
100 ml Gemüsebrühe
50 ml geschmacksneutrales Öl
20 ml Apfelessig
3 EL fein geschnittene Kräuter für Grüne Sauce
Prise Pfeffer und Salz

Zubereitung:

Alle Zutaten: sehr gut vermengen und mit Pfeffer und Salz abschmecken. Die Marinade eignet sich zum Beispiel für Schweine- oder Kalbsfilet.

Pindzur

Zutaten:

4 rote Paprikaschoten
4 Fleischtomaten
1 Aubergine
2 Knoblauchzehen
2 EL Olivenöl
Salz
Etwas Essig
Nach Belieben 1-2 Chilischoten

Zubereitung:

Paprikaschoten vierteln, entkernen und waschen. Auberginen und Tomaten ganz lassen. Alles im auf 160 bis 180 Grad vorgeheizten Backofen garen.
Wenn die Früchte durch gegart sind, in eine Schüssel legen, mit einem feuchten Tuch bedecken und etwas ruhen lassen.
Knoblauch schälen und durchpressen, sodass Saft entsteht. Die Aubergine und die Tomaten schälen.
Das weiche Gemüse mit einem Holzlöffel klein zerteilen, Knoblauchsaft, Öl, Salz und etwas Essig dazugeben.
Nach Geschmack die Chilischoten teilen, entkernen, klein hacken und ebenfalls zum Gemüsepüree mischen.
Die Mischung einige Stunden kühl stellen.

Tipp: Pindzur kann zu Grillgerichten oder als köstlicher Snack auf Toast verwendet werden.

Chorizo-Rindfleisch-Spieße

FÜR 4 PERSONEN
ZUBEREITUNGSZEIT: 10 MIN.
GRILLZEIT: 4 BIS 6 MIN.

350 g Chorizos (span. Paprikawürste), in 2,5 cm große Stückegeschnitten
500 g Sirloin-Steak (aus dem flachen Roastbeef), etwa 2,5 cm dick,
überschüssiges Fett entfernt, in 2,5 cm große Würfel geschnitten
70 ml Olivenöl
1 Bund Petersilie, Blätter fein abgezupft
2 Knoblauchzehen, geschält
2 EL Weißweinessig
½ TL zerstoßene rote Chiliflocken
Salz und Pfeffer

ZUBEHÖR:
METALL- ODER HOLZ-SPIESSE (gewässert)

Für die Sauce Knoblauch und Petersilie in einem Mixer fein
hacken. Bei laufendem Motor Olivenöl, Essig und 1 EL Wasser langsam dazugießen. Mit den Chiliflocken, Salz und Pfeffer würzen.
Die Hälfte der Chimichurri-Sauce in eine kleine Schüssel füllen.

Den Gasgrill für direkte starke Hitze (230–280 °C) erhitzen.

Rindfleisch mit Salz und 1 kräftigen Prise Pfeffer würzen. Mit den Chorizostücken abwechselnd auf Spieße ziehen und mit der restlichen Chimichurri-Sauce aus dem Mixer bestreichen.

Die Spieße über direkter starker Hitze bei geschlossenem Deckel grillen, bis das Steakfleisch den gewünschten Gargrad erreicht hat, 5–6 Min. für medium rare, dabei zweimal wenden. Etwas Chimichurri-Sauce über die Spieße geben und warm servieren.

Tomaten-Sojamarinade

7 Tomaten, ohne Stielansatz, gewürfelt
2 Zwiebeln, fein gehackt
2 Knoblauchzehen, gepresst
½ Liter Gemüsebrühe
jeweils 1 Prise Salz, Pfeffer, Paprikapulver und Chilipulver
2 EL Öl

In einer Pfanne in etwas Öl den Knoblauch und die Zwiebeln goldbraun andünsten. Die Gemüsebrühe dazu gießen, die Tomaten dazugeben und für 5 Minuten dünsten lassen. Nach Belieben mit den Gewürzen abschmecken. Abkühlen lassen.

Alle Zutaten nun in einem Hochleistungsmixer zu einer flüssigen Marinade pürieren.

Päckchen mit grünem Spargel vom Grill

Dauer: 15 Minuten

Portionen: Für vier Personen

Zutaten:
6 Paprikaschoten
4 Frühlingszwiebeln
20g grüner Spargel
150g Fetakäse
1 Prise frisch gemahlener schwarzer Pfeffer
1 Prise Salz
1 Prise getrockneter Thymian
1 Prise Salbei
1 Prise Rosmarin
1 Esslöffel Olivenöl

So wird es gemacht:
4 Alufolie Stücke bereitstellen, diese zu Rechtecken formen und mit dem Olivenöl jeweils bepinseln.
Paprika waschen, Strunk entfernen, halbieren, entkernen und mit der Hautseite auf die Alufolien legen.
Zwiebeln mit Grün längs schneiden. Spargel quer halbieren. Fetakäse in Würfel schneiden.

Alles auf die Paprikaschote legen und mit den Gewürzen und Kräutern würzen. Etwas Olivenöl beträufeln und Alufolie anschließend verschließen.
Für 15 Minuten auf einen Grill geben.

Focaccia

Focaccia ist ein ligurisches Fladenbrot aus Hefeteig, das vor dem Backen mit Olivenöl, Salz und eventuell Kräutern und weiteren Zutaten belegt wird.

Zutaten

250 gWeizenmehl
1 TLSalz
150 mllauwarmes Wasser
0,5 WürfelHefe
1 PriseZucker
2 ZweigeRosmarin
Salzflocken
Olivenöl   Zubereitung

Die Prise Zucker in das lauwarme Wasser geben, die Hefe hineinbröckeln und die Hefe darin auflösen lassen.

Das Mehl mit dem Salz in eine Schale geben, gut vermischen, in die Mitte eine Mulde machen und dort das Hefewasser hineingeben.

Nun alles 5 Minuten mit den Händen zu einem glatten Teig kneten und diesen abgedeckt an einem warmen Ort für ca. 35 - 45 Minuten gehen lassen.

Belegen Sie ein Backblech mit Backpapier und teilen Sie den Teig in vier gleichmäßige Teile.

Formen Sie nun vier runde Focacce, und legen diese auf das Backblech. Mit einem Tuch abdecken und nochmals 10 - 15 Minuten gehen lassen. In der Zwischenzeit den Backofen auf 250 Grad vorheizen.

Anschließend jede Focaccia oben mit den Fingerkuppen mehrmals eindrücken. Die Rosmarinnadeln von den Zweigen streifen, grob hacken und über die Focaccia streuen. Die Focaccia ebenfalls mit Salzflocken bestreuen und mit etwas Olivenöl beträufeln.

Nun die Focaccia ca. 13-15 Minuten auf dem Boden des Backofens backen, dann das Blech auf die oberste Schiene das Backofens schieben und 5 Minuten goldbraun backen.

Gegrillte Möhren

Zutaten:
800 g Möhren
3 EL Olivenöl
1 ½ EL Orangensaft
½ TL Oregano (getrocknet)
Salz
Pfeffer

Zubereitung:
Grill vorheizen
Karotten waschen, schälen und hälften
Orangensaft mit Honig, Öl und Oregano vermengen
Mixtur auf die Karotten auftragen
das ganze auf den Grill geben

Scharfe Kartöffelchen mit Dip

Dauer: 90 Minuten

Portionen: Für vier Personen

Zutaten:

1 Kilo Kartoffeln
1 Tasse Olivenöl
1 EL Paprikapulver
2 Prisen Salz
½ Tasse Chiliflocken
1 TL Pfeffer
2 Becher Schmand
1 EL italienische Kräuter
1 TL Zitronensaft
1 EL Schnittlauch

So wird es gemacht:

Kartoffeln schälen und in Salzwasser gar kochen.
In der Zwischenzeit die Gewürze mit dem Olivenöl verquirlen und zu einer Marinade verarbeiten. Abgekühlte Kartoffel in die Marinade geben und für 30 Minuten ziehen lassen.
Schmand, Salz, Zitronensaft und gehackten Schnittlauch in eine Schüssel geben und zu einem Dip verarbeiten.

5 Kartoffeln mit einemm Holzspieß aufziehen und für 10 Minuten auf dem Grill rösten.
Kartoffeln mit dem Dip gemeinsam servieren.

Kräutermarinade

Zutaten:
8 Stiele Thymian
3 Zweige Rosmarin
1 Knoblauchzehe
1 TL fein abgeriebene Bio-Zitronenschale
½ TL Honig
200 ml Olivenöl
Prise Pfeffer

Zubereitung:

Rosmarin und Thymian abzupfen, mit dem Knoblauch fein hacken. Alles mit Zitronenschale, Olivenöl und Honig vermischen und mit Pfeffer würzen.

Gefüllte Hähnchenbrust

Zutaten für 4 Personen:

3 EL Frischkäse
Prise Salz
Etwas Chiliflocken
3 Hähnchenbrustfilets (á ca. 150 g)
500 g rote Wassermelone
1 Zitrone
3 TL Zucker
3 EL Olivenöl
Prise Pfeffer
Nach Belieben 2 EL gehackte Petersilie

Zubereitung:

Frischkäse mit Salz und Chiliflocken vermischen. In die Hähnchenbrustfilets waagerecht mit einem scharfen Messer eine Tasche schneiden.
Mit dem Frischkäse füllen und danach mit den Holzspießen zustecken. Wassermelone in 2 cm dicke Stücke schneiden.
Die Zitrone halbieren, die Schnittflächen in den Zucker tunken. Die Hähnchenbrustfilets mit Olivenöl bestreichen, etwas salzen und pfeffern.
Wenn möglich zugedeckt auf den Grill legen und von jeder Seite 8-10 Minuten grillen. Melonenstücke pro Seite ca. 3 Minuten grillen.

Zitrone mit der Schnittfläche nach unten kurz auf den Grill legen. Nach Belieben mit Petersilie bestreuen und anrichten.

Rinderbraten mit Gedämpften Mangold

FÜR 4 BIS 6 PERSONEN
ZUBEREITUNGSZEIT: 20 MIN.
MARINIERZEIT: 2 STD.
GRILLZEIT: 28 BIS 40 MIN.

ZUTATEN FÜR DEN MANGOLD:

500 g Mangold
4 EL Olivenöl
1 rote Zwiebel, halbiert und in feine Ringe geschnitten
2 EL zerdrückte Knoblauchzehen
150 g zarte Spinatblätter

ZUTATEN FÜR DIE WÜRZMISCHUNG:

2 TL schwarzer Pfeffer
1 TL Chilipulver
1 TL Zucker
2 TL grobes Meersalz

1 Rinderbraten (Pastorenstück), 700–900 g, 4 cm dick, Fett und Silberhaut entfernt
Zutaten für die Würzmischung in einer Schale vermengen.

Die Würzmischung sanft ins Fleisch einmassieren. Den Braten in
Frischhaltefolie schlagen und etwa 2 Std. kalt stellen. Vor dem Grillen
15–30 Min. Zimmertemperatur annehmen lassen.
Die Mangoldblätter von den Stielen trennen und in große Stücke
reißen. Holzige Enden der Stiele entfernen, den Rest in feine Scheiben schneiden. In einer großen Pfanne das Öl auf mittlerer Stufe erhitzen.
Mangoldstiele, Zwiebel und Knoblauch darin mit ¾ TL Salz in 10 Min.
weich dünsten. Bei Bedarf etwas Wasser zufügen. Knapp 250 ml Wasser angießen und das Gemüse etwa 13 Min. dämpfen, bis es zusammengefallen. Beiseitestellen.

Den Gasgrill für direkte und indirekte mittlere Hitze (180–230 °C) erhitzen.

Den Braten über direkter mittlerer Hitze bei geschlossenem Deckel 8–10 Min. anbraten, dabei einmal wenden, bis er auf beiden Seiten ein deutliches Grillmuster angenommen hat. Anschließend über indirekter mittlerer Hitze bei geschlossenem Deckel bis zum gewünschten Gargrad fertig grillen, 20–30 Min. für rosa/rot bzw. medium rare. Vom Gasgrill nehmen und 5 Min. ruhen lassen. Den Braten auf einem Schneidbrett quer zur Faser dünn aufschneiden und mit dem Mangold-Spinat anrichten. Sofort servieren.

Aprikosen-Chutney
600 g Aprikosen, entsteint, gewürfelt
1 Hokkaidokürbis, geschält, entkernt, gewürfelt
2 Knoblauchzehen, gepresst
3 EL Rohrzucker
1 TL Tabasco
12 EL Olivenöl
Saft von 3 Orangen
Salz und Pfeffer zum Abschmecken

Alle Zutaten, bis auf das Olivenöl in einer großen Schüssel miteinander vermengen.

In einer Pfanne das Öl erhitzen und die Zutaten darin auf mittlerer Flamme für ca. 20 Minuten einköcheln lassen. Danach abkühlen lassen.

Feta zum Grillen

Dauer: 10 Minuten

Portionen: Für zwei Personen

Zutaten:
1 Packung Fetakäse
1 Prise Knoblauchpulver
1 Prise Salz
1 Prise Pfeffer
1 Prise Pfeffer

So wird es gemacht:
Fetakäse auf einem Stück Alufolie platzieren. Mit den Gewürzen abschmecken und für 30 Minuten auf den Grill geben.

Kräuter Maiskolben

Zutaten:

4 Maiskolben
50 g Kräuterbutter

Zubereitung:
Ein absoluter Klassiker, der schnell und einfach zubereitet wird und auf keinen Fall fehlen darf.
Zuerst die Maiskolben von den Fäden entfernen.
Optional können die Maiskolben für ca. 15 Minuten vorgekocht werden.
Dadurch geht das Grillen im nachhinein noch etwas schneller. Dann etwas abkühlen lassen und mit einem Grillspieß die Maiskolben der Länge nach durchstechen.
In dieser Form lassen sich sich auf dem Grill später besser wenden.
Danach noch die Maiskolben mit etwas Kräuterbutter eincremen und dann für etwas 10 Minuten runterherum gleichmäßig grillen.

Fischburger

Dauer: 30 Minuten

Portionen: Für sechs Personen

Zutaten:

600g Forellenfilets
50g Semmelbrösel
2 TL Kräutersalz
1 TL Pfeffer
1 Schalotte
1 Ei
1 Bund Schnittlauch

Für den Burger:

6 Hamburger
6 Salatblätter
12 TL Remoulade
1 Zitrone, Saft

So wird es gemacht:

Alle Zutaten für die Bulette in einen Mixer geben und zu einer homogenen Masse verarbeiten. Die Hände leicht anfeuchten und aus der Masse sechs gleichgroße Buletten formen. Buletten von beiden Seiten auf einem Grill goldbraun anbraten.

In der Zwischenzeit Zitronensaft auspressen und mit Remoulade verquirlen. Hamburger halbieren, mit der Sauce bestreichen und mit Salatblatt und Bulette belegen. Zuklappen und warm genießen.

Mixed Grill

Zutaten für 4 Personen

4 Schweinekoteletts (a 150 g)
100 ml Olivenöl
1 EL Anissamen
1 TL Kümmel
2 Zweige Rosmarin
1 Zweig Thymian
500 g Schweinefilet
100g frische Champignons
Je 1 rote und gelbe Paprikaschote
2 Zwiebeln
Prise Salz und Pfeffer
4 Tomaten
4 Kleckse Kräuterbutter

Zubereitung:

Die küchenfertigen Schweinekoteletts unter fließendem Wasser waschen, trocken tupfen und in eine Schüssel geben.
Das Olivenöl mit dem geschroteten Anis, Koriander und Kümmel, den gewaschenen und klein geschnittenen Kräutern in einer Schüssel vermischen.
Die Koteletts damit bestreichen und im Kühlschrank zwei Stunden marinieren.

Das küchenfertige Schweinefilet unter fließendem Wasser waschen, trocken tupfen und in mundgerechte Würfel oder Scheiben schneiden.
Die Champignons waschen, die Paprikaschoten halbieren, entkernen, waschen und in mundgerechte Stücke schneiden
Die Zwiebeln schälen und in Scheiben schneiden. Das Gemüse mit den Filetwürfeln abwechselnd auf Spieße stecken, mit Salz und Pfeffer würzen und mit dem Gewürz Öl bepinseln.
Die Schweinekoteletts salzen, pfeffern und mit den Spießen auf dem Grill garen. Die Tomaten waschen, über Kreuz einschneiden und grillen.
Die Koteletts und die Spieße mit den Grilltomaten dekorativ anrichten, mit je einer Portion Kräuterbutter überziehen, mit Kräuterzweigen garnieren und sofort servieren.

Bayrischer Rollbraten

Zutaten für 8 Personen:

½ Bund gemischte Kräuter (Petersilie, Oregano, Basilikum Schnittlauch)
2,5 kg durchwachsener roher Schweinebauch ohne Rippen
Salz
frisch gemahlener schwarzer Pfeffer
1 TL Kümmel
edelsüßes Paprikapulver
4 Knoblauchzehen
6 EL Pflanzenöl
125 ml dunkles Bier

Zubereitung:

Die Kräuter waschen, trocknen und fein hacken. Den Schweinebauch auf der Speckseite rautenförmig einschneiden. Dann das Fleisch auf beiden Seiten mit Salz, Pfeffer, Kümmel und den beiden Sorten Paprika fest einreiben.
Den Knoblauch schälen und durch eine Presse drücken. Die Kräuter und den Knoblauch auf der Fleischseite verteilen und mit etwas Pflanzenöl beträufeln.
Den Schweinebauch fest aufrollen und mit einem Küchenfaden zuschnüren. Auf einen Bratenspieß stecken und mit Pflanzenöl bestreichen.

Während der Garzeit von etwa 1 ½ Stunden zwischendurch immer wieder mit Bier bepinseln. Den Braten vom Spieß nehmen, in Alufolie wickeln und für etwa 15 Minuten zum „Nachziehen" auf die Seite des Grills legen.

Vorsicht beim Auswickeln des Bratens, denn die Folie ist voll mit köstlichem Bratensaft, den Sie am besten in eine kleine Aluschüssel füllen und zum Fleisch servieren. Den Braten auf einen Holzbrett in dickere Scheiben schneiden.

Lammkeule

FÜR 6 BIS 8 PERSONEN
ZUBEREITUNGSZEIT: 30 MIN.
GRILLZEIT: 30 BIS 45 MIN.

3 EL Olivenöl
8 Knoblauchzehen, zerdrückt
1,25 kg ausgelöste Lammkeule, flach aufgeschnitten (Schmetterlingsschnitt), überschüssiges Fett entfernt

3 Eiertomaten, in feine Scheiben geschnitten
1 große Handvoll frische Basilikumblätter, in kleine Stücke gezupft
100 g entsteinte Oliven, halbiert
1 EL grobes Meersalz
1½ TL schwarzer Pfeffer

Öl und Knoblauch in einer kleinen Schüssel vermischen und das
aufgeschnittene Lammfleisch auf allen Seiten damit bestreichen,
anschließend mit Salz und Pfeffer würzen, 20 Min. ruhen lassen.

Den Gasgrill für direkte und indirekte mittlere Hitze (180–230 °C) erhitzen.

Das Fleisch über direkter mittlerer Hitze bei geschlossenem Deckel 10–15 Min. grillen, dabei einmal wenden, bis es auf beiden Seiten gut gebräunt ist. Über indirekter mittlerer Hitze bei geschlossenem Deckel bis zum gewünschten Gargrad fertig grillen, 20–30 Min. für rosa/rot bzw. medium rare. Vom Gasgrill nehmen und 10 Min. ruhen lassen.

Das Lammfleisch quer in dünne Scheiben schneiden und auf
einzelnen Tellern mit Tomatenscheiben, Basilikum und Oliven
anrichten und sofort servieren.

Cashewmusaufstrich

200 g Cashewkerne
15 getrocknete Tomaten, fein geschnitten
½ Zwiebel, fein gehackt
1 Knoblauchzehe, gepresst
1 Handvoll frischer Schnittlauch, fein gehackt
50ml Olivenöl

Die Cashewkerne über Nacht einweichen. Am folgenden Tag das Einweichwasser abgießen. Kurz abspülen.

Alle Zutaten in einem Hochleistungsmixer zu einem cremigen Mus pürieren und eventuell mit Salz und Pfeffer nachwürzen.

Mozzarella - Tomaten vom Grill

Dauer: 10 Minuten

Portionen: Für vier Personen

Zutaten:
8 Tomaten
250g Mozzarella
4 Teelöffel Basilikumpesto
1 Prise Salz
1 Prise gemahlener Pfeffer

So wird es gemacht:
Tomaten waschen, Strunk entfernen, entkernen und das Innere salzen und pfeffern. Mozzarella in mundgerechte Stücke schneiden und mit dem Pesto vermengen. Die Masse in die Tomaten füllen und den Deckel wieder draufsetzen. Die Tomaten jeweils mit Alufolie umwickeln.

Für 10 Minuten auf dem Grill braten gegrillte Jakobsmuscheln

Zutaten:
16 Jakobsmuscheln
8 Scheiben Bacon
16 Paprikaschoten
Meersalz
Pfeffer
Limettensaft

Zubereitung:
Bacon zweiteilen
Jakobsmuscheln mit Pfeffer und Limettensaft verfeinern
Muscheln in Bacon einwickeln
Jakobsmuscheln und Paprikaschoten auf Spieße verteilen
Spieße auf angeheizten Grill geben kurz angrillen gelegentlich umdrehen

Scharfe-Hähnchenschenkel

Zutaten für 4 Personen

8 küchenfertige Hähnchenschenkel
Prise Salz und Pfeffer
100 ml süße Chilisauce
100 g Karamell- oder Ahornsirup
2-3 Chilischoten

Zubereitung:

Die Hähnchenschenkel mit Salz und Wasser würzen. Die Knochen mit der Alufolie umwickeln.
Danach die Hähnchenschenkel in einer Alu-Grillschale legen und solange grillen, bis sie Farbe angenommen haben.
Für die Glasur die Chilisauce mit Karamell- oder Ahornsirup vermischen. Die Chilischoten halbieren, waschen klein hacken und untermischen.
Die Hähnchenschenkel während der Garzeit öfters mit der Glasur bestreichen, dabei häufig wenden und solange grillen, bis sie goldbraun sind.

Schaschlik mit Bananensauce

Zutaten für 12 Spieße:

200 g Rinderfilet
200 g Schweinefilet
200 g Lammfilet
200 g Kalbsleber
100 g Räucherspeck
1 mittelgroße Zwiebel
4 große Knoblauchzehen
1 Paprikaschote
100 g frische Champignons
1 Zucchini
8-12 kleine Kirschtomaten
Salz und frisch gemahlener schwarzer Pfeffer
100 ml Kräuter- oder Grillöl

Für die Bananensauce:

1 reife Banane
1 TL Honig
1 Prise Currypulver
Saft von ½ Orange
Etwas Zitronensaft
200 g saure Sahne
2 EL Kokosraspel
1 EL gehackte Petersilie
1 TL scharfer Senf
Frisch gemahlener Pfeffer

Zubereitung:

Die Filets in Stückchen schneiden. Die Leber in dünne, gut aufsteckbare Stückchen und den Räucherspeck in nicht zu dünne Stücke schneiden. Die Zwiebel schälen, vierteln und in einzelne Schichten brechen.
Die Knoblauchzehen schälen und halbieren. Die Paprikaschote vierteln, waschen, entkernen und in Stücke schneiden. Champignons säubern, halbieren. Zucchini waschen und in dünne Scheiben schneiden.
Auf 4 Spieße Rinder- und Schweinefilet abwechselnd mit Zwiebel- und Paprikastücken aufspießen. Auf die nächsten 4 Spieße Lammfilet, Kirschtomaten, einen Teil der Champignons und Knoblauch aufspießen.
Die letzten 4 Spieße mit Kalbsleber, Speck, Zucchini und den übrigen Champignons bestücken. Die Spieße salzen, pfeffern und mit etwas Grillöl bepinseln.
Auf den Grill legen und unter mehrmaligem Wenden etwa 15 Minuten knusprig grillen. Zuerst die Leberspieße, dann die Lammspieße und zuletzt die Filetspieße servieren.
Für die Bananensauce. Banane schälen und mit einer Gabel zu Mus zerdrücken. Mit Honig, Curry, Orangen- und Zitronensaft verrühren. Saure Sahne Kokosraspel, Petersilie, Senf, Salz und Pfeffer hineinrühren und sofort servieren.

Thailändischer Mangosalat mit gerösteten Erdnüssen

200 g Rucola
100 g Erdnüsse, ungesalzen
4 Bio-Limetten
2 grüne Chilischoten
2 EL Sojasoße
2 EL weißer Rohrzucker
6 EL Erdnussöl
4 reife Mangos
2 gelbe Paprikaschoten
2 Möhren
1 Stange Lauch
2 Bünde Minze
grobes Salz

Limetten heiß waschen, trocken tupfen, Schale abreiben und Saft auspressen. Chili waschen, der Länge nach halbieren und Kerne entfernen. Fruchtfleisch fein schneiden. Mit Limettensaft und –Abrieb mit Chili, Sojasoße und Zucker verrühren. Erdnussöl langsam unterrühren und mit Salz abschmecken.
Für den Salat Erdnüsse in einer Pfanne ohne Fett rösten. Beiseitestellen.
Mangos schälen und Fruchtfleisch in dünne Streifen schneiden. Paprika waschen, entkernen und in feine

Streifen schneiden. Möhre waschen, schälen und grob reiben. Lauch waschen und in feine Ringe schneiden.
Rucola waschen und trocken schütteln. Minze waschen, trocken schütteln und Blätter grob hacken. Mango, Paprika, Möhre, Lauch, Rucola und Minze mit Dressing vermengen und mit Erdnüssen auf Tellern servieren.

Chicorée-Birnen-Sellerie-Salat

550 g Chicorée
6 Birnen, ohne Kernhaus, gewürfelt
½ Stange Sellerie, ohne Strunk, fein geschnitten
1 Avocado, geschält, entsteint
10 EL Avocadoöl
4 EL Balsamicoessig
4 TL Reissirup
½ Handvoll frischer Schnittlauch, fein gehackt

Die Birnen mit den Avocados in Alufolie verpacken und für ca. 10 Minuten von allen Seiten auf dem Grill garen. Danach abkühlen lassen.

Das Öl mit dem Essig und Reissirup zu einem Dressing vermengen.

Alle Zutaten gut zu einem Salat vermischen und zum Schluss mit Schnittlauch bestreuen.

Gefüllte Paprikaschoten vom Grill

Dauer: 45 Minuten

Portionen: Für acht Personen

Zutaten:
8 Spitzpaprika
200g Fetakäse
2 Knoblauchzehen
1 Esslöffel Milch
1 Prise Salz
1 Prise Pfeffer
1 Prise Kräuter der Provence

So wird es gemacht:
Paprika waschen, Strunk entfernen, entkernen.
Fetakäse zerkleinern. Knoblauch schälen, waschen und fein hacken. Knoblauch, Käse und Milch in eine Schüssel geben und zu einem Brei verarbeiten. Mit Salz, Pfeffer und den Kräutern abschmecken und wieder gut vermischen. Die Masse gleichmäßig in die Paprika füllen und den Paprikadeckel wieder drauf legen.

Für mindestens zehn Minuten auf den Grill geben Hähnchen-Kürbis-Spieße

Zutaten:

800 g Hähnchenbrust
400 g Kürbis (gewürfelt)
1 Dose Kokosmilch
300 ml Sweet-Chili-Sauce
1 EL Currypaste (rot)
2 Limetten
20 ml Sojasauce

Zubereitung:
Hähnchenbrust würfeln
alle Zutaten (außer Hähnchenbrust und Kürbis) zusammenfügen
Fleisch marinieren und für ungefähr 3 Stunden in den Kühlschrank geben
Grill vorbereiten
Hähnchenbrust und Kürbis auf Spieße verteilen
Spieße 20 Minuten garen
mit restlicher Marinade anrichten

Cevapcici mit Zaziki

Zutaten für 4 Personen

2 Zwiebeln
2 Knoblauchzehen
2 EL Olivenöl
800 g Schweinehack
1 Ei
3 EL Ajvar
1 EL Paprikapulver edelsüß
Prise Salz und Pfeffer
Prise Cayennepfeffer
1 EL Olivenöl

Für das Zaziki
1 kleine Salatgurke
1 EL Salz
4 Knoblauchzehen
400 g Sahnejoghurt
Saft von ½ Zitrone
Gurkenscheiben und Tomatenecken zum Garnieren

Zubereitung:

Knoblauchzehen und Zwiebel schälen und in kleine Würfel schneiden.
Das Olivenöl in einer Pfanne erhitzen, den Knoblauch und die Zwiebel darin glasig schwitzen.

Das Schweinehack mit dem Knoblauch und Zwiebel, dem Ei, dem Ajwar und dem Paprikapulver in einer Schüssel vermischen. Mit Pfeffer, Salz und Cayennepfeffer würzen.

Aus der Mischung kleine Würstchen formen, diese mit Olivenöl bestreichen und auf den Grill geben.

Die Salatgurke waschen, raspeln, in eine Schüssel geben, mit Salz bestreuen und ca. fünf Minuten ziehen lassen. Anschließend das Gurkenwasser abgießen und die Gurken ausdrücken.

Die Knoblauchzehen schälen und fein hacken, mit den Gurken, dem Sahnejoghurt und dem Zitronensaft in einer Schüssel verrühren.

Mit Zazikigewürz abschmecken, mit Pfeffer, Salz und Cayennepfeffer abrunden.

Die gegrillten Cevapcici mit dem Zaziki dekorativ anrichten, mit Gurkenscheiben und Tomatenspalten garnieren und mit einem Bauernsalat mit Schafskäse servieren.

Calvadosspieße

Zutaten für 4 Personen:

1 große Zwiebel
2 Äpfel
Saft von ½ Zitrone
400 g Schweineschnitzel
5 cl Calvados oder anderer Apfelschnaps
1 TL getrockneter Majoran
Etwas schwarzer Pfeffer

Zubereitung:

Zwiebel schälen, vierteln und quer halbieren. Zwiebelstücke in Schichten brechen. Äpfel schälen, vierteln, entkernen und in zentimeterdicke Stücke schneiden.
Mit Zitronensaft beträufeln. Die Schweineschnitzel in dünne Streifen schneiden. Zwiebel, Äpfel und Fleisch abwechselnd auf Spieße stecken.
Die Spieße auf einen Teller legen, mit Calvados beträufeln und mit Majoran und Pfeffer würzen. Die Spieße auf den heißen Grill legen und von allen Seiten ca. 10 Minuten grillen.

Halloumi-Pfirsichen-Salat

2 große Hand voll Rucola
2 EL Zedernüsse oder Pinienkerne
2 reife Pfirsiche, geviertelt
1 EL Honig
200 g frischer Halloumi
frische Rosmarinnadeln, grob gehackt
mildes extra natives Olivenöl
Weißweinessig
Meersalzflocken und frisch gemahlener schwarzer Pfeffer

Den Gasgrill für direkte mittlere Hitze (180–230 °C) erhitzen.
Pfirsiche in eine Schüssel geben, mit Honig beträufeln und alles gut vermengen. Die Pfirsichviertel von beiden Seiten leicht grillen, bis sie karamellisieren und die typischen Grillstreifen bekommen. Beiseitestellen.
Den Halloumi in etwa 0,5 cm breite Streifen schneiden und diese mit etwas Olivenöl einpinseln und gehacktem Rosmarin bestreuen. Die Halloumi-Streifen gleichmäßig von beiden Seiten grillen. Für knusprige Chips kann man einen feuerfesten Teller auf den Käse legen.
Den Rucola auf zwei große Teller oder Platten verteilen. Abwechselnd die Halloumi-Chips und die Pfirsichviertel auf den Rucola legen, mit den

Zedernüssen bestreuen. Olivenöl und Weißweinessig darüber träufeln und mit wenig Meersalzflocken und frisch gemahlenem Pfeffer bestreuen. Sofort servieren.

Papaya - Hähnchen - Spieße für den Grill

Dauer: 80 Minuten

Portionen: Für sechs Personen

Zutaten:
250g Hähnchenbrustfilets
1 Knoblauchzehe
4 Esslöffel Sojasauce
2 Esslöffel Balsamico
2 Teelöffel Olivenöl
1 Prise Salz
1 Prise Pfeffer
2 reife Papaya
2 rote Zwiebeln

So wird es gemacht:
Hähnchenbrustfilets in mundgerechte Stücke schneiden.
Knoblauch pressen und mit Sojasauce, Balsamico, Olivenöl, Salz und Pfeffer in eine Schüssel geben und zu einer Marinade verarbeiten. Hähnchenfleisch darin für eine Stunde marinieren lassen.
In der Zwischenzeit Papayas entkernen und in grobe Würfel schneiden. Zwiebel schälen, waschen und in Streifen schneiden.

Spieße bereitstellen und abwechselnd Hähnchen, Zwiebel und Papaya aufspießen.
Für 20 Minuten auf den Grill geben und dabei einmal wenden.

Barbecue-Putenschnecken

Zutaten:
600 g Putenbrustschnitzel
100 ml Barbecue-Sauce
1 EL Senf (scharf)
200 g Frühstücksspeck (Scheiben)

Zubereitung:
Schnitzel in Streifen schneiden und in flache Form legen
Sauce und Senf zu Marinade vermengen
Putenbrustschnitzel marinieren
über Nacht in den Kühlschrank geben
Speck halbieren
Putenbrust mit Speck versehen und zusammenrollen
Schnecken auf Spieße verteilen
Spieße auf Grill geben und ein paar Minuten angrillen
gelegentlich wenden

Ananas im Speckmantel

Zutaten für 4 Personen

1 große Ananas
150 g dünne Scheiben geräucherter Speck
125 ml Tomatenketchup
50 ml Obstessig
Einige Tropfen Pfeffersauce
Einige Tropfen Weinbrand
Prise Pfeffer
Kräuterzweige zum Garnieren

Zubereitung:

Die Ananas schälen, halbieren und vom Strunk entfernen. Die Ananas in mundgerechte Würfel schneiden, diese mit je einer Scheibe Speck ummanteln und auf Zahnstocher stecken.
Für die Glasur den Tomatenketchup mit dem Obstessig vermischen, mit Pfeffersauce und Weinbrand aromatisieren und die Ananaswürfel damit bestreichen.
Danach die Würfel auf den Grill braten, mit Pfeffer bestreuen. Mit Kräuterzweige garnieren und servieren.

Tamarillos im Speck

Zutaten für 4 Personen

100 ml Olivenöl
1 Chilischote
2 Knoblauchzehen
1 EL Sesamsamen
1 EL Korianderkörner
4 Tamarillos bzw. Baumtomaten
200 g geräucherter Speck
Einige Salatblätter
1 kleines Glas Sahnemeerrettich
Kräuterzweige zum Garnieren

Zubereitung:

Das Olivenöl in einem Topf erhitzen. Die Chilischote halbieren, entkernen, waschen, fein würfeln, ins Olivenöl geben und kurz aufkochen lassen.
Die Knoblauchzehen schälen, fein würfeln, im Fett kurz anschwitzen, vom Herd nehmen und bereitstellen.
Die Sesamsamen und die Koriander Körner schroten, ins Olivenöl geben und blanchieren.
Die Tamarillos waschen und in mundgerechte Würfel schneiden. Die Tamarillo Würfel mit dem Speck umwickeln. Mit Zahnstocher feststecken und auf dem Grill oder in einer Pfanne braten.
Währenddessen die Speckröllchen öfter mit dem Gewürzöl bestreichen, herausnehmen, auf Salatblätter

mit je einer Portion Sahnemeerrettich anrichten, mit Kräuterzweige garnieren und servieren.

Seeteufel-Papaya-Spieße

Zutaten für 4 Personen:

700 g Seeteufel
800 g Papaya
4 rote Zwiebeln
6 EL Limettensaft
4 EL Olivenöl
1 TL Kreuzkümmel
Salz und Pfeffer

Zubereitung:

Seeteufel waschen, trocknen und in 3 cm Stücke schneiden, damit sie sich gut aufspießen lassen. Papaya schälen, entkernen und würfeln. Zwiebeln schälen und in Spalten schneiden.
Die Zutaten abwechselnd auf die Spieße stecken. Mit Limettensaft beträufeln und mit Salz, Pfeffer und Kreuzkümmel würzen.
Die Spieße ca. 15 Minuten grillen, gelegentlich wenden. Mit etwas Öl die Spieße beträufeln.

Schmetterlingssteak

FÜR 4 BIS 6 PERSONEN
ZUBEREITUNGSZEIT: 15 MIN.
GRILLZEIT: 8 BIS 10 MIN.

ZUTATEN FÜR DIE SALSA:

4 reife Pflaumen, entsteint, in mundgerechte Stücke geschnitten
½ mittelgroße Chilischote (vorzugsweise Jalapeño), Samen entfernt,
fein gehackt
2 TL Zucker
2 TL Öl
4 EL frische Minzeblätter, fein gehackt
¼ TL gemahlene Koriandersamen
¼ TL schwarzer Pfeffer

4 Schweinelendensteaks, vom Metzger zu Schmetterlingssteaks
geschnitten, je etwa 300 g schwer und 2–2,5 cm dick, überschüssiges
Fett entfernt
1 TL grobes Meersalz

Pflaumen, Chili, Minze, Zucker, Koriander, Pfeffer und das restliche

Salz in einer mittelgroßen Schüssel vermischen und beiseitestellen.

Die Steaks mit insgesamt 1 TL Salz würzen. Beiseitestellen und 30 Min. ziehen lassen.

Den Gasgrill für direkte mittlere Hitze (180–230 °C) erhitzen.

Das Fleisch über direkter mittlerer Hitze bei geschlossenem Deckel 8–10 Min. grillen, bis es gar, aber innen noch leicht rosa ist, dabei ein- bis zweimal wenden. Vom Gasgrill nehmen und 5 Min. ruhen lassen. Steaks auf Tellern anrichten und warm mit der Pflaumen-Chili-Salsa servieren.

Melonen-Käse-Salat

1 Wassermelone, geschält, entkernt, gewürfelt
150 g Ziegenkäse, mit einer Gabel zerdrückt
300 g Eisbergsalat
100 g Radicchio
1 Handvoll frische Minze, fein gehackt
Saft von 2 Limetten
2 EL Olivenöl
2 TL Honig
Salz, Pfeffer

Die Wassermelone mit dem Ziegenkäse in Alufolie einwickeln und auf dem Grill für ca. 5 Minuten von allen Seiten weich braten. Der Käse sollte etwas geschmolzen sein. Danach abkühlen lassen.

Für das Dressing den Saft der Limette, Honig, Pfeffer, Öl und das Salz verrühren. Das Dressing über den Salat geben.

Alle Zutaten in einer Schüssel gut miteinander vermischen.

Marinierte Putenschnitzel zum Grillen

Dauer: 20 Minuten

Portionen: Für vier Personen

Zutaten:
4 Scheiben Putenschnitzel
1 Tasse Olivenöl
5 Esslöffel Zitronensaft
1 Esslöffel Senf
1 Esslöffel Honig
5 Knoblauchzehen

So wird es gemacht:
Knoblauch schälen, waschen und sehr fein pressen. Nun alle anderen Zutaten, bis auf die Putenschnitzel, in eine Schüssel geben und zu einer Marinade verarbeiten. Die Schnitzel in die Marinade geben und mindestens vier Stunden drin ziehen lassen.
Anschließend den Grill erhitzen und die Schnitzel von beiden Seiten goldbraun grillen.

Stockbrot

Zutaten:
300 g Mehl
150 g Magerquark
6 EL Öl
6 EL Milch
Backpulver
Zucker
Salz

Zubereitung:
Quark, Öl, Milch und Zucker in Schüssel geben und umrühren
Mehl, Backpulver und Salz beifügen und glatten Teig herstellen
Teig auf bemehlter Arbeitsplatte zu 6 Rollen formen
Teig spiralfömig auf Stöcke geben
Stockbrot für 20 Minuten auf Grill legen
gelegentlich wenden

Schweinefilet-Spieße

Zutaten für 6-8 Spieße

12-16 Holz-Schaschlikspieße
400 g Schweinefilet
3 Thüringer Rostbratwürste

1 rote Paprikaschote
¼ Ananas
Kräutermarinade (siehe unter oben unter Marinaden)
Prise Salz und Pfeffer

Zubereitung:

Holzspieße für 20 Minuten in kaltem Wasser einweichen. Das Filet in mundgerechte Stücke schneiden. Die Wurst ebenfalls in mundgerechte Stücke schneiden. Paprika waschen und in 3 cm große Würfel schneiden. Ananas schälen, den Strunk entfernen und Vierteln, quer in ca. 1 cm breite Spalten schneiden.

Alles abwechselnd auf die Spieße stecken, dabei pro Spieß 2 Schaschlikstäbe verwenden, so kann man die Spieße leichter wenden. Mit der Kräutermarinade bepinseln und für eine Stunde in den Kühlschrank stellst.

Die Spieße auf den Grill geben und für 8-10 Minuten grillen. Dabei ein- bis zweimal wenden. Mit Salz und Pfeffer würzen.

Gegrillte Strömlinge

Zutaten für 4 Personen:

1 kg frische Ostseeheringe (Strömlinge)
Salz
2 EL Butter
5 EL Öl

Für die Sauce:

1 Bund Dill
½ Bund Petersilie
1-2 TL Kapern
125 ml süße Sahne
125 g saure Sahne
Salz
Frisch gemahlener weißer Pfeffer

Zubereitung:

Die Heringe ausnehmen, Köpfe und Flossen entfernen, die Fische gut waschen und mit Küchenpapier trocknen. Die Fische mit Salz einreiben.
Butter leicht erwärmen, Öl dazugeben und gut vermischen. Fische mit der Mischung von allen Seiten bepinseln und je nach Größe auf dem Grill in etwa 7-10 Minuten knusprig und goldbraun grillen.
Für die Sauce: Die Kräuter waschen, trocknen, Dill und Petersilie hacken. Schnittlauch und Kapern klein

schneiden. Süße und saure Sahne mit der Hälfte der Kräuter verrühren.
Die Sauce mit Kapern, Salz und Pfeffer abschmecken.
Fische mit den übrigen Kräutern bestreuen. Sahnesauce getrennt servieren. Sehr gut schmecken frisch zubereitete, noch dampfende Pellkartoffeln dazu.

Rosmarinhähnchen mit selbstgemachter Curry-Mayonnaise

FÜR 4 PERSONEN
ZUBEREITUNGSZEIT: 20 MIN.
MARINIERZEIT: BIS ZU 4 STD.
GRILLZEIT: 30 BIS 50 MIN.

ZUTATEN FÜR DIE CURRY-MAYONNAISE:

150 ml Sonnenblumenöl
2 Eigelb
1 EL Wasser
1 TL Dijon Senf
1 EL Limettensaft
½ TL Salz
½ TL Kreuzkümmel
½ TL Currypulver

ZUTATEN FÜR DIE MARINADE:

2 EL Olivenöl
1 EL Dijon-Senf
1 EL Worcestersauce
1 EL Apfelessig
1 EL fein gehackte frische Rosmarinnadeln
½ TL naturreines grobes Meersalz
¼ TL frisch gemahlener schwarzer Pfeffer

1 ganzes küchenfertiges Hähnchen, etwa 1,8 kg

ZUBEHÖR:
SCHNEEBESEN
SCHMALER MIXBEHÄLTER

Alle Zutaten für die Mayonnaise bis auf das Öl mit den Schneebesen des Handrührgeräts kurz verrühren. Ca. ¼ des Öls tröpfchenweise einrühren, bis sich Öl und die Zutaten zu einer glatten Creme verbinden. Dann das restliche Öl in einem dünnen Strahl langsam unter ständigem Rühren zugießen, bis die Masse emulgiert. Mit Salz, Pfeffer und Curry nochmals abschmecken. Kalt stellen.
Die Zutaten für die Marinade in einer kleinen Schüssel verrühren.
Das Hähnchen in sechs Stücke teilen: zwei Brusthälften, zwei ganze Schenkel und zwei Flügel (Flügelspitzen abschneiden und wegwerfen).Die Hähnchenteile auf beiden Seiten mit Marinade bestreichen. Vorzugsweise bis zu 4 Std. abgedeckt im Kühlschrank marinieren oder sofort grillen.
Den Gasgrill für direkte mittlere Hitze (180–230 °C) erhitzen.
Die Hähnchenteile mit der Hautseite nach unten über indirekter mittlerer Hitze bei geschlossenem Deckel grillen, bis sie vollständig durchgegart sind. Bruststücke und Flügel brauchen 30–40 Min., Schenkel 40–50 Min. in den letzten 5–10 Min. das Fleisch über direkter

mittlerer Hitze knusprig braten, dabei ein- bis zweimal mal wenden. Mit der Curry-Mayonnaise warm servieren.

Tofu mit Honig-Dijon-Marinade

600 g Tofu, in feine Scheiben geschnitten
15 EL Dijonsenf
3 EL Honig
2 Zwiebeln, fein gehackt
Saft von 2 Zitronen
2 EL Öl
jeweils 1 Prise Salz, Pfeffer, Muskat und Zimt

Den Senf, Honig, Zitronensaft und das Öl in einem flachen Behälter verrühren. Die Zwiebeln dazugeben und nach Belieben mit Pfeffer, Salz, Muskat und Zimt abschmecken.

Die Tofuscheiben in die Marinade legen und ziehen lassen, am besten über Nacht.

Auf den Grill geben und von allen Seiten für ca. 10 Minuten knusprig grillen.

Filetstreifen am Spieß

FÜR 4 BIS 6 PERSONEN
ZUBEREITUNGSZEIT: 20 MIN.
GRILLZEIT: 4 BIS 6 MIN.

ZUTATEN FÜR DIE GLASUR:
4 EL Sojasauce
5 EL Honig
1 EL Reisessig
1 EL frischer Ingwer, fein gerieben
2 Knoblauchzehen, zerdrückt
1 TL scharfe Chili-Knoblauch-Sauce (z. B. Sriracha)

900 g Innenfilets von Hähnchenbrüsten (ersatzweise ausgelöste Hähnchenbrüste ohne Haut, in 1 cm breite Streifen geschnitten)
1 Limette, in Spalten geschnitten
½ TL grobes Meersalz
½ TL schwarzer Pfeffer
Öl

ZUBEHÖR:
METALL- ODER HOLZ-SPIESSE (HOLZSPIESSE MIND. 30 MIN. GEWÄSSERT)

Die Zutaten für die Glasur in einem kleinen Topf verrühren und auf
mittlerer Stufe zum Kochen bringen. Die Hitze reduzieren und die
Glasur etwa 3 Min. sanft köcheln lassen. Beiseitestellen.
Den Gasgrill für direkte mittlere Hitze (180–230 °C) erhitzen.
Die Filetstreifen der Länge nach und durch die Mitte auf Spieße
ziehen. Dünn mit Öl bestreichen und gleichmäßig mit dem Salz und
Pfeffer würzen.
Die Spieße über direkter starker Hitze bei geschlossenem Deckel 2–3 Min. grillen, bis das Fleisch das typische Grillmuster angenommen hat, dabei einmal wenden. Die Spieße über indirekte starke Hitze legen, Hähnchenfleisch auf beiden Seiten mit der Glasur bestreichen und weitere 2–3 Min. bei geschlossenem Deckel grillen, bis es durchgebraten ist, dabei einmal wenden. Vom Grill nehmen und warm mit Limettenspalten servieren.

Gegrillte Jackfruit, feurig

750 g Jackfruit, in Steakgröße oder in dickere Streifen geschnitten
300 ml Ketchup
6 EL Reissirup
6 EL Balsamicoessig
6 EL Worcestersoße
1 TL Tabascosoße
2 TL Senf
1 TL Paprikapulver
½ TL Cayennepfeffer
Salz und Pfeffer zum Abschmecken

In einer flachen Schüssel alle Zutaten für die Marinade gut miteinander verrühren. Die Jackfruit darin marinieren und am besten über Nacht ziehen lassen. Gegebenenfalls noch mit Salz und Pfeffer abschmecken.
Auf den Grill geben und von allen Seiten für ca. 10 Minuten knusprig grillen.

Lupinenbratlinge
600 g Süßlupinenschrot
10 Möhren, ohne Stielansatz, geraspelt
½ Stange Lauch, ohne Strunk, fein gehackt
2 Zwiebeln, sehr fein gehackt
½ Handvoll frische Petersilie, fein gehackt
150 ml Wasser
10 EL Hefeflocken
Salz und Pfeffer zum Abschmecken
etwas Pflanzenöl

In einer großen Schüssel alle Zutaten miteinander zu einem Teig verkneten. Mit einem Tuch abgedeckt ca. 20 Minuten aufquellen lassen. Gegebenenfalls noch mit Salz und Pfeffer abschmecken.
Nun auf einer Arbeitsfläche aus dem Teig kleinere Bratlinge formen. Auf den Grill legen und für ca. 5 Minuten auf beiden Seiten durchgaren.
Spieße
Bei den Grillspießen sind Ihrer Fantasie und Kreativität keine Grenzen gesetzt. Sie können alle Zutaten verwenden, die Ihnen gut schmecken: Besonders interessant und aromatisch werden süßsaure Kombinationen wie Melonen mit Käse, Kürbis mit Tofu oder Mais mit Ananas. Die Zutaten der Spieße werden dabei immer mit einer Soße bepinselt oder darin mariniert, damit sie aromatischer schmecken.

Rinderfilet vom Grill mit Mango - Preiselbeer – Chutney

Dauer: 20 Minuten

Portionen: Für vier Personen

Zutaten:
1 kleine Mango
1 Frühlingszwiebel
150g Preiselbeeren
1 Chilischote
1 Knoblauchzehen
1 kleines Stück Ingwer
1 Zweig Koriander
1 Limette, Saft und abgeriebene Schale
½ Teelöffel Worcestersauce
1 Prise Salz
1 Prise Pfeffer
4 Scheiben Rinderfilets
1 Zweig Rosmarin
1 Esslöffel Olivenöl

So wird es gemacht:
Mango schälen, Fruchtfleisch herausschneiden, entkernen und in kleine Stücke schneiden. Frühlingszwiebel waschen und ebenfalls in kleine Stücke schneiden. Chilischote waschen, längs halbieren, entkernen und fein hacken. Knoblauch

schälen, waschen und fein hacken. Ingwer schälen und fein hacken. Koriander waschen, abtropfen lassen und ebenfalls fein hacken. Alles zusammen mit den Preiselbeeren in eine Schüssel geben und mit Salz, Pfeffer, Limettensaft und Worcestersauce abschmecken. Zum Schluss Olivenöl drüber verteilen und gut miteinander vermengen.
Rosmarin waschen und fein hacken.
Rinderfilets waschen, trocken tupfen und mit etwas Olivenöl einreiben und mit dem Rosmarin bestreichen. Auf einem Grill von beiden Seiten gar kochen und anschließend mit Salz und Pfeffer abschmecken.
Filets mit dem Chutney gemeinsam servieren.

Barbecue-Sauce

Zutaten:

1 Zwiebel
1 Knoblauchzehe
4 EL Tomatenmark
4 EL Worcestersoße
150 ml Tomatenketchup
3 EL Whiskey
2 EL Weißwein-Essig
2 EL Zucker

Zubereitung:
Knoblauch und Zwiebel schälen und in Würfel schneiden
alle Zutaten zusammenfügen und gut vermengen
Fleisch mit der Barbecue-Sauce marinieren

Paprikaspieße

Zutaten für 4 Portionen

500 g Rinderfilet
2 grüne Paprikaschoten
4 schnittfeste Tomaten
3 kleine Zwiebeln
200 g Champignons
Etwas Öl
Prise Salz und Pfeffer
Etwas Paprikapulver, edelsüß

Zubereitung:

Das Rinderfilet in mundgerechte Würfel schneiden. Die Paprikaschoten in grobe Stücke schneiden. Die Tomaten achteln und die Zwiebel vierteln. Die Champignons waschen und die Stiele entfernen, benötigt werden nur die Köpfe.
Die Rindfleischwürfel abwechselnd mit Paprikastücken, Tomatenachteln, Zwiebelvierteln und den ganzen Champignonköpfen auf vier Spieße stecken. Mit Öl bestreichen und auf den Grill legen. Für 12-15 Minuten von allen Seiten grillen. Anschließend würzen mit feinem Salz, frisch gemahlenem Pfeffer und Paprikapulver.
Als Beilage eignet sich Butterreis und einen erfrischenden Salat.

Gegrillter Spargel mit Pecorino

Zutaten für 4 Personen:

500 g grüner Spargel
60 g Pinienkerne
70 g Pecorino Romano am Stück
2 EL Bratolivenöl
4 EL Olivenöl
Prise Salz und schwarzer Pfeffer

Zubereitung:

Spargel waschen, holzige Enden abschneiden. Pinienkerne ohne Zugabe von Fett goldbraun rösten. Käse reiben oder hobeln.
Spargel mit Olivenöl einpinseln. Spargelstangen auf den Rost legen und unter wenden ca. 12 Minuten grillen. Vom Grill nehmen und auf eine Platte geben.
Mit Olivenöl beträufeln. Mit grob gemahlenem Pfeffer und Salz abschmecken. Mit Käse und Pinienkerne bestreut servieren.

Baby Back Ribs

FÜR 4 PERSONEN
ZUBEREITUNGSZEIT: 15 MIN.
GRILLZEIT: ETWA 1 ¼ STD.

ZUTATEN FÜR DIE WÜRZMISCHUNG:

2 TL getrockneter Thymian
2 TL Paprikapulver
2 TL Knoblauchpulver
1 EL grobes Meersalz
½ TL schwarzer Pfeffer

2 Baby Back Ribs (aus der Kotelettrippe), je etwa 1–1,25 kg
2 Handvoll Hickoryholz-Räucherchips, mind. 30 Min. gewässert
230 ml Grillsauce (Fertigprodukt)

ZUBEHÖR:
EXTRABREITE (44 CM) UND EXTRASTARKE ALUFOLIE

Die Zutaten für die Würzmischung in einer kleinen Schüssel vermengen.
Den Gasgrill für direkte mittlere Hitze (180–230 °C) erhitzen.

Die dünne Haut der Rippen abziehen (dazu, am Ende der Rippe ein Tafelmesser unter die Haut am Knochen schieben. Anheben und lockern, bis sie reißt. Eine Ecke mit Küchenpapier festhalten und die Haut möglichst an einem Stück abziehen). Rippen halbieren, um insgesamt vier kleinere Stücke zu erhalten.

Rippchen gleichmäßig mit der Würzmischung einreiben und jedes Stück in eine doppelte Lage Alufolie einwickeln.

Die Rippenstücke in der Folie über direkter mittlerer Hitze 1 Std. bei geschlossenem Deckel grillen und zum gleichmäßigen Garen gelegentlich wenden. Dabei möglichst keine Löcher in die Folie reißen. Vom Grill nehmen und in der Folie etwa 10 Min. ruhen lassen. Vorsichtig öffnen und die Rippenstücke aus dem Fett heben.

Räucherchips abtropfen lassen und nach Herstelleranweisung in die Räucherbox des Gasgrills geben. Sobald sie zu schwelen beginnen, die Rippchen mit der Knochenseite nach unten auf den Gasgrill legen und über direkter mittlerer Hitze bei geschlossenem Deckel 10–12 Min. grillen, bis sie schön gebräunt sind, dabei ein- bis zweimal wenden und jedesmal mit der Grillsauce bestreichen. Vom Gasgrill nehmen und etwa 5 Min. ruhen lassen. In einzelne Ribs schneiden und warm mit gegebenenfalls übriger Grillsauce servieren.

Gorgonzola-Melonen-Spieße

450 g Gorgonzola, in dickere Würfel geschnitten
2 Wassermelonen, geschält, entkernt, in dickere Würfel geschnitten
24 Cocktailzwiebeln
12 Grillspieße
Alle Zutaten abwechselnd auf die Spieße stecken und mit Öl bepinseln. Nun auf dem Grill von allen Seiten für ca. 10 Minuten anbraten, bis der Käse etwas zu schmelzen beginnt. Alternativ können die Spieße auch auf etwas Alufolie gelegt werden.

Lachstoast vom Grill

Dauer: 20 Minuten

Portionen: Für eine Portionen

Zutaten:
1 Scheibe Sandwichtoast
3 Scheiben Räucherlachs
1 Ei

1 Champignons
1 Teelöffel Butter
1 Teelöffel Sahnemeerrettich
1 Teelöffel gehackter Schnittlauch
½ Teelöffel Zitronensaft
1 Prise Pfeffer

So wird es gemacht:
Toast mit Butter bestreichen und eine Fläche auf dem Grill rösten.
In der Zwischenzeit Champignons putzen in sehr feine Scheiben schneiden.
Geröstete Toastseite Sahnemeerrettich bestreichen und mimt Pfeffer bestreuen.
Champignons von beiden Seiten auf dem Grill für eine Minute garen.
Toast mit Räucherlachs belegen und Zitronensaft beträufeln.

Ei in einer Pfanne zu Spiegelei verarbeiten und auf dem Räucherlachs verteilen. Pilze drauf geben. Noch einmal pfeffern und mit Schnittlauch betreut servieren.

Aioli Grillsauce

Zutaten:
250 ml saure Sahne
250 ml Schmand
125ml Becher leichte Salatcreme
2 Knoblauchzehe
Salz
Pfeffer

Zubereitung:
Die Aioli Sauce ist perfekt für Momente geeignet in denen es einmal schnell gehen muss.
Die Zubereitung dauert in der Regel nicht mehr als 5 Minuten.
Die Saure Sahne und den Schmand verrühren. Dann auch die Salatcreme hinzugeben.
Als nächstes die Knoblauchzehen pressen und hinzutun. Das Ganze dann mit Salz und Pfeffer abschmecken und gut vermische.

Steckerlfisch

Zutaten für eine Portion

1 Makrele
Etwas Öl
Prise Salz und Pfeffer

Zubereitung:

Die Makrele säubern und den Kopf abtrennen. Den Spieß in Längsrichtung durch die Makrele stecken und mit Öl bestreichen.
Den Fisch auf jeder Seite für ca. 4-5 Minuten grillen. Zuletzt mit Salz und frisch gemahlenen Pfeffer bestreuen.
Als Beilage eignet sich ein Kartoffelsalat oder frische Brötchen.

Gefüllte Paprika mit Tofu (Vegan)

Zutaten für 4 Personen:

4 Paprika
200 g Tofu
1 kleine Zwiebel
30 g entsteinte Oliven
1 EL Mais-Öl
1 EL Chili-Öl
Eingelegte Jalapeños in Scheiben
Nach Belieben etwas Tabasco

Zubereitung:

Paprika waschen, den Deckel abschneiden und aushöhlen. Zwiebel schälen und würfeln. Tofu ebenfalls würfeln und mit Öl, Zwiebel und Jalapenos zum marinieren in eine Schüssel geben.
Nach Belieben etwas Tabasco dazugeben. Oliven fein hacken und mit der marinierten Füllung in die Paprika füllen.
Den Deckel wieder drauf setzten und die gefüllte Paprika in einer Grillwanne neben dem Grill garen lassen.

Thunfisch auf Brokkolisalat

FÜR 4 BIS 6 PERSONEN
ZUBEREITUNGSZEIT: 40 MIN.
GRILLZEIT: ETWA 4 MIN.

ZUTATEN FÜR DEN SALAT:

500g Brokkoli, in feine, mundgerechte Röschen zerteilt
2 Paprikaschoten, rot und gelb, in feinen Würfeln
1 Salatgurke, fein gewürfelt
1 kleines Bund Lauchzwiebeln, dünn geschnitten

ZUTATEN FÜR DAS DRESSING:

3 Pfirsiche
4 EL Olivenöl
2 EL Weißweinessig
1 Limette
5 EL frisch Petersilie und Schnittlauch, fein gehackt
Salz und Pfeffer

ZUTATEN FÜR DAS TOPPING:

300g Kichererbsen aus dem Glas, gewaschen, abgetropft
2 Handvoll Walnusskerne
2 EL Sesamöl
1 TL Honig

Salz
ggf. Korianderblätter zum Servieren

2 Thunfischsteaks (in Sushi-Qualität), je etwa 450 g schwer und 3 cm
Dick

Öl

ZUBEHÖR:
PÜRIERSTAB

Alle Zutaten für den Salat in einer großen Salatschüssel vermengen. Beiseitestellen. Pfirsiche Mit dem Pürierstab glatt pürieren, mit Olivenöl, Weißweinessig, Salz, Pfeffer und 1 EL frisch geriebener Schale einer unbehandelten Limette vermengen.
Limettensaft, Petersilie und Schnittlauch nach Geschmack hinzugeben, zu einem homogenen Dressing rühren und unter den Salat heben.
Für das Topping, Sesamöl in einer Pfanne erhitzen, Kichererbsen und Walnüssstücke darin von allen Seiten anrösten. Salz und Honig hinzugeben und 4-5 Minuten braten. Kichererbsen-Walnuss-Mischung über den Salat geben, ggf. mit frischem Koriander garnieren und beiseitestellen.
Den Gasgrill für direkte starke Hitze (230–290 °C) erhitzen.

Die Thunfischsteaks auf beiden Seiten mit Öl bestreichen, leicht salzen und pfeffern. Thunfisch über direkter starker Hitze bei geschlossenem Deckel etwa 4 Min. grillen, dabei einmal wenden, bis er außen etwas gebräunt, aber innen noch roh ist. Nach Belieben aber auch bis zum gewünschten Gargrad grillen. Vom Gasgrill nehmen und die Steaks in 1 cm dicke Scheiben schneiden.

Brokkolisalat auf Tellern anrichten und mit Thunfischscheiben servieren.

Auberginen mit Käsefüllung

6 Auberginen, der Länge nach halbiert
350 g Mozzarella, fein gewürfelt
50 g Parmesan, gerieben
1 Handvoll frischer Dill, fein gehackt
Salz und Pfeffer zum Abschmecken

Zuerst die Auberginenhälften vorsichtig mit einem Messer und Löffel aushöhlen. Das Fruchtfleisch kommt in die Füllung: In einer Schüssel mit Salz bestreuen und für ca. 10 Minuten ziehen lassen.

In einer separaten Schüssel die restlichen Zutaten mit dem Auberginenfruchtfleisch zu einer feinen Masse rühren.

Nun die Auberginen mit der Füllung befüllen.

Am Grill in etwas Alufolie von allen Seiten für ca. 15 bis 20 Minuten garen. Der Käse sollte gut geschmolzen sein.

Kräuterbutter / Grill & Steak Butter

Dauer: 15 Minuten

Portionen: Für vier Personen

Zutaten:
250g Butter
2 Esslöffel Knoblauch
2 Esslöffel Kräuter
¼ Teelöffel Pfeffer
1 Prise Salz
1 Teelöffel Paprikapulver
1 Teelöffel Jodsalz
1 Teelöffel Gemüsebrühe

So wird es gemacht:
Butter in eine Schüssel geben und mit einer Gabel zerdrücken. Knoblauch fein hacken und mit den Kräutern und den Gewürzen in die Schüssel geben und alles gut miteinander vermengen. Die Butter soll die Farben der Kräuter annehmen und darauf aufpassen, dass kleine Klumpen übrig bleiben.
Butter glattstreichen und für mehrere Stunden kalt stellen.

Cremige Butter

Dauer: 15 Minuten

Portionen: Für vier Personen

Zutaten:
250g Butter
½ Zwiebel
4 Tomaten
1 Knoblauchzehe
1 Teelöffel Thymian
½ Chilischote
1 Teelöffel Oregano
1 Teelöffel edelsüßes Paprikapulver
1 Teelöffel Rosmarin
1 Esslöffel Olivenöl
1 Prise Salz
1 Prise Pfeffer
1 Esslöffel Basilikum
½ Frühlingszwiebel, nur das Grüne

So wird es gemacht:
Zwiebel schälen, waschen und fein hacken. Knoblauch schälen, waschen und fein hacken. Tomaten waschen, Strunk entfernen und in dünne Scheiben schneiden.
Gewürze mit Olivenöl verquirlen. Butter leicht erwärmen und in die Flüssigkeit geben und gut vermengen.

Nun alle Zutaten in eine große Schüssel geben und mit einem Schneebesen cremig aufschlagen.

Mexikanische Avocadosauce

Zutaten:
2 Avocados
150 g Sahne
1 EL Tomatenmark
1 EL Zitronensaft
4 cl Tequila
Salz
Cayennepfeffer

Zubereitung:
Avocado schälen und entkernen
Fruchtfleisch mit Zitronensaft bestreichen
Avocado, Sahne, Tomatenmark, Zitronensaft und Tequila zusammenfügen und gut umrühren
mit Salz und Pfeffer verfeinern

Gegrillter Spargel mit Pecorino

Zutaten für 4 Portionen

500 g grüner Spargel
60 g Pinienkerne
70 g Pecorino Romano am Stück
2 EL Bratolivenöl
4 EL Olivenöl
Prise Salz und schwarzer Pfeffer

Zubereitung:

Spargel waschen, holzige Enden abschneiden. Pinienkerne in einer Pfanne ohne Zugabe von Fett goldbraun rösten. Käse in Späne reiben oder hobeln. Spargel rundherum mit Bratolivenöl einpinseln.
Beim Grillen: Spargelstangen auf den Rost legen und unter wenden ca. 12 Minuten grillen. Vom Grill nehmen und auf eine Platte geben. Mit Olivenöl beträufeln. Mit grob gemahlenem Pfeffer und Salz abschmecken und mit Käse und Pinienkerne bestreut servieren.

Grillgemüse mit Honig-Balsamico-Marinade

Zutaten für 4 Portionen

400 g gelbe Paprika
600 g Auberginen

Für die Marinade:
3 EL dunkler Balsamico-Essig
1 EL flüssiger Honig
1 TL scharfer Senf
1 Knoblauchzehe
6 EL Bratöl
½ TL Kräutersalz
Brise schwarzer Pfeffer
2 Zweige Thymian
2 Stiele glatte Petersilie
1 Zweig Rosmarin

Zubereitung:

Für die Marinade: Essig mit Honig und Senf verrühren. Knoblauch schälen und dazupressen. Öl unterrühren und mit Kräutersalz und Pfeffer würzen. Kräuter waschen und die Blättchen von Thymian und Petersilie abzupfen und fein hacken. Rosmarinnadeln abzupfen und grob hacken. Kräuter unter die Marinade geben.

Paprika waschen, halbieren, entkernen und die Hälften jeweils vierteln. Auberginen waschen und längs in ca. 1 cm dicke Scheiben schneiden. Gemüse zur Marinade geben, darin wenden, bis alles überzogen ist, und für 2 Stunden ziehen lassen.

Das marinierte Gemüse in einer Grillschale oder direkt auf dem Rost unter Wenden ca. 15 Minuten bei mittlere Hitze grillen.

Gegrillte Austern

FÜR 4 BIS 6 PERSONEN
ZUBEREITUNGSZEIT: 35 MIN.
GRILLZEIT: 2 BIS 3 MIN.

ZUTATEN FÜR DIE SAUCE:

120 ml Apfelessig
5 EL Apfelwein
3 EL Schalotten, fein gewürfelt
1 EL frische Estragonblätter, fein gehackt
½ TL grobes Meersalz
½ TL schwarzer Pfeffer

25 große frische Austern, je etwa 7–8 cm groß

ZUBEHÖR: AUSTERNMESSER

Die Zutaten für die Sauce in einer kleinen Schüssel verrühren. Bis zum Servieren in den Kühlschrank stellen.
Die Austern vorsichtig öffnen. Dafür die Austern jeweils mit der
flachen Schalenhälfte nach oben in einem doppelt gefalteten
Küchentuch festhalten. Mit der Spitze des Austernmessers am Scharnier einstechen und den

Schließmuskel durchtrennen. Die Schale mit dem Messer aufhebeln, dabei möglichst nichts von der Flüssigkeit in der unteren Schalenhälfte verschütten, und die Schalenhälften ringsum voneinander trennen. Das Austernfleisch zunächst von der oberen, dann vorsichtig von der unteren Hälfte ablösen. Die obere flache Schalenhälfte wegwerfen. Austernfleisch und Flüssigkeit der unteren Hälften weiterverarbeiten.

Den Gasgrill für direkte starke Hitze (230–290 °C) erhitzen.

Austern in der Schale über direkter starker Hitze bei geschlossenem Deckel 2–3 Min. grillen, bis der Austernsaft zu köcheln beginnt und das Muschelfleisch an den Rändern wellig wird, jedoch innen noch weich ist. Austern mit einer Grillzange vorsichtig vom Rost nehmen und in der Schale mit der Sauce servieren.

Artischocken mit Basilikumöl Dip

FÜR 6 PERSONEN ALS VORSPEISE
ZUBEREITUNGSZEIT: 15 MIN.
GARZEIT: 5 BIS 10 MIN.
GRILLZEIT: 6 BIS 8 MIN.

ZUTATEN FÜR DAS BASILIKUMÖL:

130 ml Olivenöl
1 Handvoll frische Basilikumblätter
2 EL Pinienkerne, vorzugsweise geröstet
1 Knoblauchzehe, zerdrückt und gehackt
4 EL frisch geriebener Parmesan
12 kleine junge Artischocken
Saft von ½ Zitrone
1 EL Olivenöl
Salz und Pfeffer

In einem Topf Wasser zum Kochen bringen und leicht salzen.
Inzwischen die Artischocken unter fließendem kaltem Wasser abspülen. Die dunklen äußeren Blätter der Artischocken bis hin zu den hellen, gelblichen Blättern mit blassgrünen Spitzen entfernen. Artischocken seitlich auf ein Brett legen und mit einem scharfen Messer jeweils das Stielende und die oberen Blattspitzen abschneiden, anschließend die

Artischocken längs halbieren. Die grüne Haut des Stiels abschälen. Geputzte Artischocken sofort in eine mittelgroße Schüssel mit Zitronenwasser legen, damit sie sich nicht verfärben.

Den Gasgrill für direkte mittlere Hitze (175–230 °C) erhitzen.

Artischocken abgießen und in 5–10 Min. im kochenden Wasser eben weich garen. (Man sollte mit der Spitze eines Messers leicht in sie hineinstechen können). Abgießen und unter kaltem Wasser abspülen. In eine Schüssel geben und mit 1 EL Öl vermischen, salzen und pfeffern.

Basilikum, Parmesan, Pinienkerne und Knoblauch in die Küchenmaschine geben und mixen. Bei laufendem Motor langsam 130 ml Öl untermischen. Mit Salz und Pfeffer würzen und in eine kleine Schüssel umfüllen.

Die Artischocken über direkter mittlerer Hitze bei geschlossenem Deckel in 6 bis 8 Min. goldbraun grillen, dabei gelegentlich wenden. Vom Gasgrill nehmen, auf einer Servierplatte anrichten und warm mit dem Basilikumöl zum Dippen servieren.

Burger aus Kidneybohnen

800 g Kidneybohnen (eingeweicht und gekocht oder fertig aus dem Glas)
3 Zwiebeln, fein gehackt
2 Knoblauchzehen, gepresst
100 g Semmelbrösel
2 Eier
3 EL Sojasoße
jeweils 1 Prise Ingwer, schwarzer Pfeffer, Kurkuma und Curry
1 Handvoll frische Petersilie, fein gehackt
Salz und Pfeffer zum Abschmecken
etwas Öl
Alle Zutaten in einem Hochleistungsmixer zu einer homogenen Masse miteinander vermischen. Zum Schluss noch mit etwas Salz und Pfeffer abschmecken.
Nun aus der Masse flache Bratlinge formen und auf dem Grill von beiden Seiten für ca. 15 Minuten durchbraten.
Kartoffeln
Bei den Kartoffeln können Sie auf die normalen Kartoffeln oder die Süßkartoffeln setzen. Sie haben zwar sehr unterschiedliche Aromen, können aber auf die gleiche Weise zubereitet werden. Gut dazu passen alle Arten von Soßen, Chutneys und Aufstrichen.

Gegrillter grüner Spargel mit Schinken (Kanada)

Zutaten:
10 Stangen grüner Spargel
10 Scheiben luftgetrockneter Schinken (Parma)
Olivenöl
Salz
Pfeffer

Zubereitung:
Zu Beginn den Spargel vorbereiten und die unteren Enden ein wenig Kürzen.
Den restlichen Spargel dann einölen, salzen und pfeffern.
Dann jeden einzelnen Spargel mit einer Scheibe Schinken fest umwickeln.

Das ganze dann bei mittlerer Hitze für etwa 10 Minuten grollen bis der Schinken richtig schön kross ist und der Spargel bissfest wird.

Mix-Salat

Zutaten für 6 Personen
½ Kopf Brokkoli
½ Bund grüner Spargel
1 EL Öl
2 Karotten
3 Tomaten
1 gelbe Paprika
½ Salatgurke
3 Lauchzwiebeln
2 Handvoll Blattspinat
1 Knoblauchzehe
2 EL Tahin (Sesampaste)
2 EL Olivenöl
Saft von ½ Zitrone
1 TL Honig
Prise Salz und Pfeffer
2-3 EL Sonnenblumenkerne

Zubereitung:

Gemüse waschen. Brokkoli in Röschen schneiden. Die Spargel Enden abschneiden und mundgerechte Stücke schneiden. 1 EL Öl in einer Pfanne erhitzen. Spargel und Brokkoli darin 2-3 Minuten anbraten.
Karotten schälen und raspeln. Tomaten, Paprika und Gurke in kleine Würfel schneiden. Lauchzwiebeln in Ringe schneiden. Spinat trocken schütteln. Knoblauch schälen und hacken und danach mit Tahin, Olivenöl,

Zitronensaft und Honig zu einer Vinaigrette rühren. Mit Salz und Pfeffer abschmecken.
Alle Salatzutaten mit Sonnenblumenkerne mischen, die Vinaigrette untermengen und sofort servieren.

Veganer Gemüse-Burger

FÜR 4 PERSONEN
ZUBEREITUNGSZEIT: 20 MIN.
GRILLZEIT: 4 BIS 8 MIN.

ZUTATEN FÜR DIE SOJAMEDAILLONS:

100 g Sojamedaillons
Salz nach Belieben
Pfeffer nach Belieben
50 ml Rapsöl
½ Knoblauchzehe
1 TL Paprikapulver
½ TL Cayennepfeffer
1 Zweig Thymian
4 Rosmarinnadeln
3 Tropfen Raucharoma

ZUTATEN FÜR DAS GRILLGEMÜSE:

1 Zwiebel, je etwa 0,5 cm dick
4 Tomaten, in Scheiben geschnitten
1 Aubergine, in Scheiben geschnitten
2 Paprikaschoten, geviertelt
4 Champignons
4 Burgerbrötchen
4 Salatblätter
4 EL Walnussöl
3 EL Olivenöl

0,5 Knoblauchzehe
0,5 TL Rohrohrzucker
0,5 TL Cayennepfeffer
0,5 TL Oregano
1 TL Aceto balsamico
0,5 TL Tomatenmark
4 TL Vegane Mayonnaise
Salz und Pfeffer

Die trockenen Medaillons mit kochendem Salzwasser überbrühen, mit einem Deckel beschweren, damit sie unter Wasser gedrückt werden, für 20-25 Minuten ziehen lassen. In der Zwischenzeit die restlichen Zutaten in einem Mörser zu einer Marinade verarbeiten und mit Salz und Pfeffer kräftig würzen.
Die Medaillons abgießen und mit den Händen vorsichtig ausdrücken. Die Marinade zu den ausgedrückten Medaillons geben, einmassieren und ziehen lassen.
Den Gasgrill für direkte mittlere Hitze (180–240 °C) erhitzen.
Das Walnuss- und Olivenöl mit den Gewürzen, Knoblauch, Rohrzucker, Aceto balsamico und Tomatenmark im Mörser zu einer Marinade verarbeiten und mit Salz und Pfeffer abschmecken. Das Gemüse in der Marinade schwenken und 5 Minuten ziehen lassen.
Medaillons und Gemüse über direkter mittlerer Hitze bei geschlossenem Deckel grillen, bis das Gemüse leicht

gebräunt und die Medaillons fest sind, dabei einmal alles wenden.

Die unteren Brötchenhälften jeweils mit Mayonnaise bestreichen und Medaillons und Salatblättern belegen, die oberen Brötchenhälfte daraufsetzen und warm servieren.

Gegrillte Feigen

18 Feigen, halbiert
18 EL Honig
100 ml Joghurt
Saft 1 Zitrone

Die Feigen auf dem Grill für ca. 10 Minuten von allen Seiten gar grillen.

Dann mit einer Soße aus Honig, Joghurt und Zitronensaft beträufeln.

Gegrillte Pflaumen mit Honig-Zitronen-Joghurt

FÜR 6 PERSONEN
ZUBEREITUNGSZEIT: 15 MIN.
GRILLZEIT: ETWA 6 MIN.

200 g griechischer Naturjoghurt
2 EL Honig
2 TL frisch gepresster Zitronensaft
¼ TL gemahlener Kardamom
1 kg große feste reife Pflaumen
6 EL grob gehackte Pistazienkerne
1 EL Zucker
Rapsöl

Joghurt mit Honig, Kardamom und Zitronensaft in einer kleinen
Schüssel verrühren und bis zum Servieren in den Kühlschrank stellen.
Den Gasgrill für direkte mittlere Hitze (180–230 °C) erhitzen.
Die Pflaumen halbieren und entkernen. Die Schnittflächen dünn mit Öl bestreichen. Pflaumen mit der Schnittfläche nach unten über direkter mittlerer Hitze bei geöffnetem Deckel etwa 3 Min. grillen, bis sie das typische Grillmuster angenommen haben.

Wenden, mit etwas Zucker bestreuen und 3 Min. weitergrillen.

Zum Servieren die Pflaumenhälften in kleinen Tassen verteilen, jeweils etwas Honigjoghurt darüberlöffeln und mit Pistazienkernen bestreuen.

Gegrillter Spargel
Spargel ist ein wahrer Genuss, wird er dann aber noch auf dem Grill zubereitet, dann kann man gar nicht genug davon kriegen. Unser Rezept ist sommerlich frisch und schmeckt einfach vorzüglich. Das Einzige, was man dazu braucht ist eine große Gemüsezange.

Zutaten für 2 Personen:
1 Bund Zitronenmelisse
500 g weißer Spargel
300 g rüber Spargel
4 EL Olivenöl
Salt, Pfeffer, Zucker zum Abschmecken

Zubereitung:
Wir waschen die Zitronenmelisse und tupfen sie trocken. Dann schälen wir den Spargel. Im Wechsel füllen wir die Gemüsezange mit weißem und grünen Spargel und der Zitronenmelisse. Dann bestreichen wir alles mit dem Olivenöl und würzen den Spargel. Für 7 Minuten je Seite auf den Grill und schon kann gesunder Spargel frisch gegrillt genossen werden.

Couscous Salat mit Minze

4 Personen

Zutaten:

200 g Couscous
4 Tomaten
1 Gurke
4 Minze
1 Zitrone
8 Stiele Petersilie
5 EL Olivenöl
Pfeffer, Salz

Zubereitung:

Couscous nach Packungsanleitung kochen, dann in einer Schüssel mit etwas Salz würzen und abkühlen lassen.
Halbierte Gurke entkernen und in kleine Würfel schneiden.
Blätter von der Minze und der Petersilie hacken.
Die Tomaten entkernen und würfeln. Alle Zutaten in einer Schüssel mit ausgepresster Zitrone und Olivenöl und Zitronensaft würzen und servieren.

Rehkeule

Zutaten für 4 Portionen:
- 1 Keule oder Schulter vom Reh (ca. 1100 g, mit Knochen)
- 3 EL Olivenöl, gutes
- etwas Wasser, evtl.
- einige Kräuter, frische (z. B. Rosmarin, Thymian, Oregano)
- etwas Chilischote, rote, püriert oder Pfeffer aus der Mühle
- Salz
- 1 Paket Frühstücksspeck

Zubereitung:

Aus dem Olivenöl, den Kräutern, Chili oder Pfeffer und Salz eine tolle Marinade anrühren und die Rehkeule damit schön einpinseln. In einem Gefrierbeutel über Nacht, oder noch besser 24 Stunden marinieren.
Einen Gasgrill mit Deckel gut vorheizen (250°C) und dann die Keule auf beiden Seiten jeweils ca. 5 - 6 Minuten scharf angrillen. Dann die Rehkeule auf die Knochenseite legen und die obere Seite mit den Speckscheiben abdecken, damit das Fleisch nicht austrocknet.
Den Deckel schließen. Die mittlere Gasquelle beim Grill abschalten, sodass die Hitze nur indirekt von der Seite kommt, die Temperatur runterdrehen auf 100 °C. Nach ca. 40 - 45 Minuten mit einem Grillthermometer in die

Keule stechen, die Temperatur sollte am Knochen so ca. 65 - 70°C betragen, dann ist die Keule durch aber noch innen schön saftig und rosa.

Vor dem Anschneiden noch ein paar Minuten ruhen lassen, damit der Fleischsaft nicht gleich ausläuft und sich noch sammeln kann.

Joghurt-Knoblauch Dipp

Zubereitungszeit: 15 Minuten
Portionen: 4

Zutaten:

2 Knoblauchzehen
½ Bund Minze
250 g griechischer Joghurt
2 EL Olivenöl
Meersalz und Pfeffer

Zubereitung:
Den Knoblauch schälen und hacken, die Minze säubern und hacken.
Anschließend alle Zutaten vermengen.

Gegrilltes Gemüse

Zutaten

2 kleineZucchini

1rote Paprikaschote

1gelbe Paprikaschote

1Zwiebel

2Kartoffel

120 mlOlivenöl

2Knoblauchzehen

1 ZweigThymian

2 ZweigeRosmarin

Salz

Zubereitung

Waschen Sie das Gemüse.

Schneiden Sie die Zucchini und die Zwiebel in ca. ½ cm dicke Scheiben.

Die Paprikaschoten vierteln und die Kartoffeln in dünne Scheiben schneiden oder hobeln.

Das Olivenöl in einer Schüssel mit zerdrücktem Knoblauch, Salz (nach Geschmack) und gehackten Kräutern geben und mischen.

Das Gemüse hinzugeben und ca. 2 Stunden durchziehen lassen. Dabei mehrmals gut umrühren.

Eine Grillschale oder Alufolie mit Olivenöl auspinseln, das Gemüse darauf verteilen und unter gelegentlichem Wenden knusprig grillen. Mit Salz abschmecken.

Gegrilltes Gemüse

Zutaten
2 kleine Zucchini
1 rote Paprikaschote
1 gelbe Paprikaschote
1 Zwiebel
2 Kartoffel
120 ml Olivenöl
2 Knoblauchzehen
1 Zweig Thymian
2 Zweige Rosmarin
Salz

Zubereitung

Waschen Sie das Gemüse.

Schneiden Sie die Zucchini und die Zwiebel in ca. ½ cm dicke Scheiben.

Die Paprikaschoten vierteln und die Kartoffeln in dünne Scheiben schneiden oder hobeln.

Das Olivenöl in einer Schüssel mit zerdrücktem Knoblauch, Salz (nach Geschmack) und gehackten Kräutern geben und mischen.

Das Gemüse hinzugeben und ca. 2 Stunden durchziehen lassen. Dabei mehrmals gut umrühren.

Eine Grillschale oder Alufolie mit Olivenöl auspinseln, das Gemüse darauf verteilen und unter gelegentlichem Wenden knusprig grillen. Mit Salz abschmecken.

Auberginen-Kebap

Zutaten:
300g Hackfleisch, gemischt vom Lamm und Rind (bzw. Kebap-Hackfleisch; der türkische Metzger Ihres Vertrauens wird wissen, was zu tun ist)
Salz
3 Auberginen
3 Tomaten
4 grüne Spitzpaprika

Auberginen und Hackfleisch sind eine wunderbare Kombination, und vom Grill sind sie das erst recht.

Zubereitung:
Hackfleisch mit einem Teelöffel Salz würzen, vermengen und zu kleinen Frikadellen formen. Auberginen in „spießgerechte" Stücke schneiden, Tomaten und Spitzpaprika halbieren. Frikadellen, Auberginen und Tomaten abwechselnd auf Spieße reihen.
Auf den Grill geben und garen, bis die Frikadellen gar und die Auberginen weich sind.

Sardine auf Brötchen

Sardinen schmecken so unglaublich lecker ... und wenn man an sie kommen kann, dann sollten sie in ein wahres Grillvergnügen verwandelt werden. Gegrillt auf knackig geröstetem Brot, sind unsere Sardinen ein wahres kulinarisches Meisterwerk.

Zutaten für 2 Portionen:
4 Sardinen
3 Knoblauchzehen
3 El Olivenöl
1 rote Chilischote
1 El Weißweinessig
1/2 Tl Kreuzkümmel
1 Baguette-Brötchen
Salz, Pfeffer zum Abschmecken

Zubereitung:
Wir bereiten die Sardinen vor. Dazu werden diese umfangreich gewaschen und gereinigt, anschließend mit einer gehacktem Knoblauchzehe und Olivenöl beträufelt und so in den Kühlschrank gestellt. Dann bereiten wir eine Paste vor. Dazu kommen Chilischote, Knoblauchzehen, Olivenöl, Weißweinessig und Kreuzkümmel in einen Mixer und werden zu einer Paste püriert. Diese mit Salz und Pfeffer abschmecken. Sardinen wie Baguettebrötchenhälfte mit der Paste bestreichen auf den Grill für einige Minuten grillen lassen.

Gefüllte Paprika mit Quinoa

4 Personen

Zutaten:

700g gekochte Quinoa
250g Maiskörner
300g schwarze Bohnen
½ Zwiebel gewürfelt
200g gewürfelte Tomaten
½ TL Chilipulver
¼ TL Oregano
1 TL Kreuzkümmel
½ TL Salz
½ TL gemahlener schwarzer Pfeffer
8 Paprika
300g Mozzarella-Käse

Zubereitung:

Wenn Sie Ihren Grill benutzen, stellen Sie sicher, dass er eingeschaltet ist. Schneiden Sie die Oberseiten der Paprikaschoten ab, entfernen Sie alle Samen und Innereien. Beiseite legen. Mischen Sie die Quinoa mit dem Mais, Bohnen, Zwiebeln und Tomaten, bis sie gründlich vermischt sind. Fügen Sie alle Gewürze hinzu und rühren Sie, bis alles gemischt ist. Fügen Sie den Käse in die Mischung hinzu. Die Paprika mit der Mischung füllen und fest in Alufolie wickeln. Auf den Grill stellen und für 10 Minuten bei geschlossenem Deckel garen.

Cevapcicis im Speckmantel

Zutaten für 4 Portionen:
- 250 g Hackfleisch, gemischt, oder Rind
- 1/2 Zwiebel
- 1 Zehe Knoblauch
- 25 g Käse, geriebenen, oder klein gehackten Feta
- 25 ml Sahne
- 1 1/2 EL Semmelbrösel bzw. Paniermehl
- 1/2 TL, gehäuft Salz
- 1/2 EL Pfeffer, frisch aus der Mühle
- 1/2 EL Paprikapulver
- 1/2 TL gehäuft Currypulver
- 4 Scheiben Bacon bzw. Frühstücksspeck

Zubereitung:

Die Zwiebel und den Knoblauch fein hacken. Alle Zutaten, bis auf den Bacon, gut miteinander vermischen und durchkneten.
Aus der Masse Cevapcici/Hackwürstchen formen, ca. 4 cm Durchmesser und 8 - 10 cm lang.
Nun jedes Röllchen mit einer Scheibe Bacon umwickeln. Der Bacon muss nicht gesondert befestigt werden, er haftet am Hack. Nun ca. 10 - 15 Minuten bei mehrmaligem Wenden auf den Grill geben.

Käsiges Baguette

Zubereitungszeit: 30 Minuten
Portionen: 4

Zutaten:

2 Baguette
2 Avocados
2 Tomaten
300 g Mozzarella
2 EL Olivenöl
Meersalz und Pfeffer
   Zubereitung:
Den Mozzarella in Scheiben schneiden, die Tomaten säubern und in Scheiben schneiden, die Avocado schälen, entkernen und in Scheiben schneiden.
Nun das Baguette einschneiden, befüllen, mit Olivenöl und Gewürzen verfeinern und auf den Grill geben.

Grillmarinade

Zutaten

1/2 TWeißweinessig
2 ELReiswein
1/2 TSojasauce
2 ELWasser
3Knoblauchzehen, geschält und gepresst
2.5 cmgroße Stück Ingwer, geschält und fein gehackt
2 ELchinesischer Fünf-Gewürze-Pulver (nach Geschmack)
1/4 TOlivenöl

2 EL Melasse Streuwürze
grüne gemischte Kräuter, frisch und gehackt
frisch gemahlener schwarzer Pfeffer

Zubereitung

Das gewünschte Grillgut in eine Auflaufform legen.
Alle Zutaten für die Marinade in einer mittelgroßen Schüssel verrühren.
Die Mischung über das Grillgut gießen bis es gut beschichtet ist.
Für mindestens 24 Stunden abgedeckt und gekühlt ziehen lassen, eventuell von Zeit zu Zeit umdrehen.
Den Grill heizen.
Das marinierte Grillgut für etwa 4-6 Minuten von beiden Seiten grillen, servieren.

Gegrillte Mangos mit Himbeersauce

Zutaten
2 EL Zucker
1 TL Melasse
2 EL frisch gepresster Limetten- oder Zitronensaft
2 T frische Himbeeren (ersatzweise Erdbeeren)
3-4 mittelgroße Mangos
Pflanzenöl für den Grillrost

Zubereitung

Zucker, Melasse und den Limettensaft in einer flachen Schüssel gut vermischen.

Die Hälfte der Himbeeren dazugeben, pürieren.

Die Mangos schälen und im Ganzen mit einer Seite in die Himbeersoße legen und diese bei Raumtemperatur für ca. 45 Minuten darin ruhen lassen.

Den Grillrost mit dem Pflanzenöl einfetten und den Grill auf mittlerer Hitze heizen.

Die Mangos mit der marinierten Seite nach unten auf den Grill legen und die Marinade beiseitestellen.

Nach 2 Minuten die Mangos umdrehen, dann für weitere 6-8 Minuten grillen lassen. Vom Grill entfernen und mit der Hälfte der restlichen Marinade übergießen.

Die restlichen Himbeeren in die verbleibende Marinade einrühren und über den Mangos verteilen. Warm servieren.

Ribeye-Steaks mit Chili-Paprika-Rub

Zutaten:
4 Ribeye-Steaks bzw. Steaks aus der Hochrippe
1 TL Salz
1 TL Pfeffer
1 TL Knoblauchpulver
1 EL Chipotle-Pulver (Pulver aus geräucherten Chilis; im Fachhandel oder Internet erhältlich)
1 EL Kreuzkümmelpulver
1 EL Paprikapulver, rosenscharf

Für alle, die es schön würzig und rauchig mögen hier ein einfach umsetzbares Rezept für das perfekt gewürzte Steak.

Zubereitung:
Gewürze in eine Rührschüssel geben und mit dem Schneebesen gut vermengen. Würzmischung in die Steaks von beiden Seiten einmassieren. 3 Stunden im Kühlschrank ziehen lassen. Steaks von beiden Seiten je nach gewünschter Bräunung und Gargrad braten.

Fischfrikadellen vom Grill

Auch aus Fisch lassen sich schmackhafte Frikadellen für den Grill zubereiten. Das geht schnell und einfach und schmeckt einfach vorzüglich. Unsere Frikadellen werden mit Koriander verfeinert, was dem Fisch ein ganz besonderes Aroma verleiht. Ausprobieren und sich überzeugen lassen!

Zutaten für zwei Personen:
300 g Fischfilet, wie Kabeljau oder Schellfisch
1 getrocknete Chilischote
3 Stängel Koriander
1 Ei
2 El Semmelbrösel
1/2 TL Limettensaft
Salz, Pfeffer zum Abschmecken
Öl zum Einpinseln

Zubereitung:
Wir arbeiten mit aufgetauten Fischfilets, die wir ganz fein hacken oder mit einer Küchenmaschine zu einem Brei verarbeiten lassen. In einem zweiten Schritt bereiten wir die Marinade vor. Dazu zerbröseln wir die Chilischote, hacken den Koriander fein und vermengen beides mit Ei, Semmelbrösel und dem Limettensaft. Zum Schluss folgt das klein gehackte Fischfilet. Mit Salz und Pfeffer abschmecken und kleine Frikadellen formen, die anschließend in Semmelbröseln gewälzt werden. So vorbeireitet können unsere Fischfrikadellen

auf den Grill. Hier werden sie, je Seite, für 4 Minuten gegrillt und können dann verzehrt werden. Ein wahrer Genuss!

Hähnchen Pesto in Gegrillte Pilze

4 Personen

Zutaten:

1 kleine rote Zwiebel, geschält und in dicke Scheiben geschnitten (ca. 8 Scheiben)
50 g Pesto deiner wahl
1 TL Olivenöl
1 TL Salz
1/4 TL frisch gemahlener schwarzer Pfeffer
340 g Hähnchenbrust ohne Haut, ohne Knochen, fein gehackt
4 große Pilze, Stiele entfernt
80 g Mozzarella-Käse, gerieben

Zubereitung:

Das Brathähnchen im Grill vorgaren. Erhitzen Sie eine Grillpfanne bei mittlerer Hitze. Pfanne mit Kochspray überziehen. Zwiebelscheiben auf die Pfanne legen; 2 Minuten auf jeder Seite kochen. Pfanne von der Hitze nehmen; Zwiebeln grob hacken. Vermengen Sie die gehackte Zwiebeln, Pesto, Öl, Salz, Pfeffer und Huhn in einer mittelgroßen Schüssel; gut mischen. Geben sie die Mischung gleichmäßig in die Pilzeköpfe und drücken Sie vorsichtig, um jede Kappe zu füllen. Pilze vorsichtig in die Pfanne geben; 3 bis 4 Minuten kochen lassen. Danach den Käse gleichmäßig über die Hähnchenmischung streuen. Grill für 2 Minuten schließen bis Käse schmilzt und beginnt zu bräunen.

Gegrillte Lammspieße mit Aprikosen

Zutaten für 4 Portionen:
- 1/2 Stange Zimt
- 2 TL Kreuzkümmel
- 8 EL Olivenöl
- 1/2 Bund Minze, frische
- 1 Chilischote, rote
- 1 Knoblauchzehe
- 600 g Lammlachse
- 8 Aprikosen

- Meersalz
- Pfeffer, weißer

Zubereitung:

Die Zimtstange und den Kreuzkümmel mörsern. Die Minze und die Chilischote fein hacken. Knoblauch schälen und in Scheiben schneiden. Alles mit dem Olivenöl mischen.

Das Fleisch in Würfel schneiden. Das Fleisch mit der Marinade mischen und mindestens 4 Stunden (besser über Nacht) marinieren.

Die Aprikosen halbieren und entsteinen. Das Fleisch aus der Marinade nehmen und abwechselnd mit den Aprikosen auf Schaschlikspieße stecken.

Die Spieße unter Wenden 6-10 Minuten grillen.

Die Spieße nun mit Meersalz und frisch gemahlenem Pfeffer bestreuen.

Alternativ zu Aprikosen kann man auch frische Feigen verwenden.

Blätterteig-Schnecken

Zubereitungszeit: 30 Minuten
Portionen: 4

Zutaten:

1 Paket Blätterteig
100 g Schmand
50 g getrocknete Tomaten
50 g geriebener Cheddar
50 g geriebener Gouda
50 g entsteinte Oliven
4 EL grünes Pesto
4 EL rotes Pesto
Meersalz und Pfeffer

Zubereitung:
Den Blätterteig ausbreiten.
Nun die getrockneten Tomaten hacken und alle Zutaten bis auf den Teig vermengen.
Jetzt den Teig mit der Mischung bestreichen, aufrollen und zu Schnecken schneiden.
Die Schnecken nun grillen.

Focaccia

Focaccia ist ein ligurisches Fladenbrot aus Hefeteig, das vor dem Backen mit Olivenöl, Salz und eventuell Kräutern und weiteren Zutaten belegt wird.

Zutaten	Zubereitung
250 gWeizenmehl 1 TLSalz 150 mllauwarmes Wasser 0,5 WürfelHefe 1 PriseZucker 2	Die Prise Zucker in das lauwarme Wasser geben, die Hefe hineinbröckeln und die Hefe darin auflösen lassen. Das Mehl mit dem Salz in eine Schale geben, gut vermischen, in die Mitte eine Mulde machen und dort das Hefewasser hineingeben. Nun alles 5 Minuten mit den

ZweigeRosmarin
Salzflocken
Olivenöl

Händen zu einem glatten Teig kneten und diesen abgedeckt an einem warmen Ort für ca. 35 - 45 Minuten gehen lassen.

Belegen Sie ein Backblech mit Backpapier und teilen Sie den Teig in vier gleichmäßige Teile.

Formen Sie nun vier runde Focacce, und legen diese auf das Backblech. Mit einem Tuch abdecken und nochmals 10 - 15 Minuten gehen lassen. In der Zwischenzeit den Backofen auf 250 Grad vorheizen.

Anschließend jede Focaccia oben mit den Fingerkuppen mehrmals eindrücken. Die Rosmarinnadeln von den Zweigen streifen, grob hacken und über die Focaccia streuen. Die Focaccia ebenfalls mit Salzflocken bestreuen und mit etwas Olivenöl beträufeln.

- Nun die Focaccia ca. 13-15 Minuten auf dem Boden des Backofens backen, dann das Blech auf die oberste Schiene das Backofens schieben und 5 Minuten goldbraun backen.

Schwertfischkoteletts

Zutaten für 4 Portionen:
- 4 Scheiben Fischfilets (Schwertfisch, je ca. 200 g)
- 125 ml Olivenöl
- 125 ml Wein, weiß, trocken
- 2 Zwiebel
- 2 Lorbeerblätter
- 2 EL Oregano
- 1 TL Pfeffer, schwarz, grob gemörsert
- 1 TL Meersalz

Zubereitung:

Bevor das Fleisch gebraten wird, mariniere es gut. Dazu werden das Olivenöl und der Wein verrührt. Die mit Küchenkrepp trocken getupften Schwertfischfilets in eine Schüssel geben und mit der Öl-Wein-Mischung übergießen. Die in Scheiben geschnittenen Zwiebeln und die klein gezupften Lorbeerblätter mit dem Salz und den Pfefferkörnern darüber streuen und gut verteilen. Schüssel mit Klarsichtfolie abdecken. Etwa 2 Stunden im Kühlschrank ruhen lassen.
Anschließend Zwiebel, Lorbeer und die Gewürze von den Fischfilets entfernen und sie mit Oregano bestreuen. Auf dem Grill von beiden Seiten garen. Das dauert je nach Hitze etwa 4-5 Minuten.

Schweinerücken in Whiskey-Marinade

Zubereitungszeit: 1 Stunde und 30 Minuten
Portionen: 4

Zutaten:

1 Limette
500 g Schweinekotelett
3 EL brauner Zucker
3 EL Senf
3 EL Tomatenketchup
2 EL Whiskey
1 EL Worcesterchiresaue
1 TL Chiliflocken
Meersalz und Pfeffer

Zubereitung:
Die Limette auspressen, mit Zucker, Senf, Tomatenketchup, Whiskey, Worcesterchiresauce, Chiliflocken und Gewürzen vermengen.
Nun das Fleisch säubern und mindestens eine Stunde mariniert kühlen.
Anschließend auf dem Grill garen.

Schoko - Banane vom Grill

Zutaten
2 Bananen
n. B Schokolade (ohne Nüsse)

Zubereitung

Die Banane mitsamt der Schale der Länge nach einritzen und die Schokolade (Menge je nach Geschmack) hineinstecken.
Die Banane in die nicht mehr glühenden, aber heißen Kohlen legen und warten, bis die Schale schwarz wird.
Die Schokolade ist anschließend geschmolzen und die Banane schön weich.

Kartoffelsalat mit Frühlingszwiebeln

Zutaten
750 g festkochende Kartoffeln
0.5 EL Kümmel
180 ml Gemüsebrühe
5 EL weißer Balsamico-Essig
4 EL Rapsöl
1 EL Senf mittelscharf
3 Frühlingszwiebeln
Salz
Pfeffer

Zubereitung

Die Kartoffeln waschen, in einem Topf mit Wasser bedecken, Kümmel dazu geben und gar kochen...je nach Größe 20-30 Minuten.

Die Kartoffeln mit kaltem Wasser abschrecken, pellen und in Scheiben schneiden.

Die Gemüsebrühe mit der Hälfte vom Essig mischen und mit Salz und Pfeffer würzen, über die Kartoffeln gießen und vorsichtig vermengen. Mindestens 30 Minuten durchziehen lassen.

Aus dem restlichem Essig, Öl und Senf ein Dressing bereiten. Frühlingszwiebeln putzen, waschen und in feine Ringe schneiden.

Dressing und Lauchzwiebeln unter den Salat mischen. Abschmecken und eventuell nachwürzen.

Maisbrot

Zutaten:
2 Eier
500ml Buttermilch
100g zerlassene Butter
1 TL Salz
4 EL Zucker
2 TL Backpulver
2 TL Natron
240 g Maismehl bzw. Polenta
300g Mehl

Ein Klassiker aus der Südstaatenküche, der sich bei einem Barbecue auch immer wieder gut macht und die Schärfe aus dem Mund nimmt, wenn Sie sich mit dem Chilipulver etwas verrechnet haben.

Zubereitung:
Ei in eine Schüssel schlagen, Buttermilch und Butter hinzugeben, verrühren.
Trockene Zutaten hinzugeben, alles vermischen. Der Teig sollte am Ende die Konsistenz von Rührteig haben. Den Teig in eine Kastenform geben. Den Backofen auf 200°C Ober-und Unterhitze vorheizen. Ungefähr 25 Minuten backen, bis das Maisbrot eine lockere Konsistenz aufweist.

Huhn am Spieß mit Erdnusssauce

Ein kleiner importierter Schlager aus Thailand sind unsere Hühnerspieße mit schmackhafter Erdnusssauce. Sie sind unwiderstehlich. Sie sind saftig. Sie sind nussig. Sie sind einfach gut. Hier holt man sich ein Stückchen Thailand, Urlaub und einzigartigen Geschmack nach Hause.

Zutaten für zwei Personen:
300 g Hähnchenbrust
frischer Ingwer
1 Stängel Zitronengras
200 ml Kokosmilch
2 El Koriander, gemahlen
1/2 Tl Paprikapulver, scharf
3 El Limettensaft
1 El Honig
50 g Erdnüsse
25 g Erdnusscreme
1 Knoblauchzehe
Salz, Pfeffer zum Abschmecken

6 Holzspieße

Zubereitung:
Ingwer und Zitronengras fein schneiden und mit Kokosmilch, Koriander, Paprikapulver, Limettensaft, Honig und Salz verrühren. Das Hähnchenfleisch in etwa 1 cm lange Streifen schneiden und als Ziehharmonika

auf die Holzspieße stecken. So vorbereitet können die Spieße für gute 5 Stunden, am besten aber über Nacht, in der Marinade ziehen. Bereiten wir währenddessen die Erdnusssauce dazu. Dazu rösten wir die Erdnüsse in einem Topf an, bevor wir sie ganz besonders fein hacken und mit der Erdnusscreme ein wenig Kokosmilch und ein wenig Ingwer vermengen. Wir lassen die Sauce kurz aufkochen und weitere 3 Minuten köcheln. Mit etwas Salz und Pfeffer abschmecken. Jetzt ist es Zeit für den Grill und unsere Spieße. Diese dürfen je Seite 10 Minuten gegrillt werden und dann mit einer abgekühlten Sauce serviert werden. Lecker!

Gegrillter Spargel

4 Personen

Zutaten:

900 g Spargel, Stiele abgeschnitten
2 EL. extra-natives Olivenöl
Salz und gemahlener schwarzer Pfeffer

Zubereitung:

Erhitzen Sie einen Grill oder eine Grillpfanne bei starker Hitze. Spargel leicht in Öl geben und reichlich mit Salz und Pfeffer würzen.
Spargel gelegentlich drehen, bis er zart und leicht verkohlt ist ca nach 3 bis 4 Minuten. Super geeignet als Beilage.

Gyros-Gewürzmischung

Zutaten:
- 4 TL Meersalz, grob
- 3 TL Paprikapulver, edelsüß
- 3 TL Basilikum, getrocknet
- 3 TL Thymian, getrocknet
- 3 TL Majoran, getrocknet
- 3 TL Oregano, getrocknet
- 3 TL Pfeffer, schwarzer
- 3 TL Koriandersamen, getrocknet
- 3 TL Zucker, braun
- 2 TL Zwiebelgranulat
- 2 TL Knoblauchgranulat
- 2 TL Kreuzkümmel
- 1/2 TL Zimtpulver

Zubereitung:

Basilikum, Thymian, Majoran, Oregano, Koriandersaat und Meersalz im Mörser grob zermahlen. Anschließend die restlichen Zutaten untermischen.

Hackfleischröllchen

Zubereitungszeit: 45 Minuten
Portionen: 4

Zutaten:

2 Zwiebeln
2 Knoblauchzehen
½ Bund Petersilie
500 g Rinderhackfleisch
250 g Schweinehackfleisch
1 Ei
Meersalz und Pfeffer

Zubereitung:
Die Zwiebeln und den Knoblauch schälen und hacken, die Petersilie säubern und hacken.
Jetzt alle Zutaten vermengen und aus der Masse handliche Rollen formen.
Diese nun auf dem Grill garen.

Singapore Rippchen

Zutaten

2 TL Sesamöl
1 TL frischer Ingwer, fein gehackt
4 Zehen Knoblauch, zerdrückt
2 EL helle Sojasauce
2 EL Reiswein, ersatzweise Sherry
1/2 TL Fünf-Gewürz-Pulver
2 EL Honig
1 TL Sambal Oelek
1/2 TL Salz
1 1/2 kg Rippchen vom Schwein, in einzelne Rippen zerteilt
1 EL chinesischer Schnittlauch, gehackt
2 Zitronen, in Stücke geschnitten

Zubereitung

Sesamöl, Ingwer, Knoblauch, Sojasauce, Reiswein, 5-Gewürz-Pulver, Honig, Sambal Oelek und Salz in einer Schüssel mischen.

Die Rippchen dazu geben und rühren, bis sie von der Marinade komplett überzogen sind.

Zugedeckt über Nacht oder mindestens 4 Stunden marinieren lassen.

Holzkohlegrill in Gang bringen und die Rippchen mit Öl eingefettet auf dem Rost grillen. Dabei die Rippchen alle 15 Minuten mit der Marinade bepinseln, bis die Rippchen dunkelbraun und knusprig sind.

Mit Schnittlauch bestreut und mit Reis und Zitronenstücken servieren.

Spezial Spare Ribs

Zutaten
2 ganze flache Rippchen
75 ml ungesüßten Apfelsaft
Für die Marinade:

1 EL grobes Meersalz
1 EL Paprikapulver, edelsüß
0,5 EL brauner Zucker
0,5 TL Zwiebelpulver
0,3 TL Knoblauchpulver
0,3 TL Piment, gemahlen oder Nelkenpulver
0,3 TL schwarzer gemahlener Pfeffer
0,08 TL Muskat, frisch gerieben
0,17 TL Zimtpulver

Für die Glasur:

0,5 Tassen Tomatenketchup
0,1 Tasse brauner Zucker
0,1 Tasse Honig
0,5 EL Essig
0,5 EL Senf
0,5 EL Zitronensaft
0,5 EL Worcestershiresauce
0,5 TL Zwiebelpulver
0,3 TL Knoblauchpulver
0,3 TL Meersalz
0,3 TL Pfeffer, schwarzer, gemahlen

0,17 TL Cayennepfeffer
   Außerdem:

Apfelsaft

Zubereitung

Die Ribs verbringen mindestens 4 Stunden im Grill. Die Temperatur sollte die gesamte Garzeit zwischen 110° und 130° Celsius gehalten werden.

Entfernen Sie die Silberhaut von der Knochenseite der Ribs und das Fett etwas trimmen.

Jeden Knochen auf der Unterseite leicht einschneiden. Die Zutaten für die Marinade gut vermischen und mit der Mischung die Spare Ribs bestreuen und anschließend in Frischhaltefolie einwickeln. Über Nacht im Kühlschrank marinieren.

Die Zutaten für die Glasur in einen Kochtopf geben, gut umrühren, kurz aufkochen lassen und 20 Minuten gehen lassen, hierbei immer wieder umrühren.

Die Spare Ribs nun aus dem Kühlschrank nehmen, auswickeln und mit der Fleischseite nach unten in den Smoker (oder bei indirekter Hitze in den Kugelgrill) geben.

Am Anfang mit etwas mehr Rauch arbeiten, im Kugelgrill sollte man an dieser Stelle mit Holzchips arbeiten. Nach 40 Minuten die Spare Ribs wenden und weitere 45 Minuten grillen.

Anschließend die Spare Ribs vom Grill nehmen und die einzelnen Reihen in Alufolie wickeln. Pro Reihe 2-3 EL

Apfelsaft mit in die Folie geben. Nun die Spare Ribs in der Alufolie für weitere 1,5 Stunden in den Kugelgrill geben.

Die Spare Ribs aus der Alufolie nehmen und dann dünn mit der warmen Glasur bestreichen. Nun weitere 60 Minuten grillen und darauf achten, dass sie nicht zu dunkel werden. Ab und zu erneut mit der Glasur bestreichen.

Indirekte Hitze im Kugelgrill besagt, dass man das Grillgut nicht über der Kohle zubereitet, sondern die Kohle rechts und links im Grill verteilt und in die Mitte der Kohle eine Aluschale mit etwas Wasser stellt. Das Fleisch wird mit geschlossenem Deckel über der Aluschale gegrillt. Auf diese Weise kann auch kein Fett in die Glut tropfen.

Cevapcici im Speckmantel

Zutaten
500 g Hackfleisch, (gemischt oder Rind)
1 Zwiebeln
2 Zehen Knoblauch
50 g klein gehackten Schafskäse
50 ml Sahne
3 EL Semmelbrösel oder Paniermehl
1 TL gehäuft Salz
1 EL frischen Pfeffer aus der Mühle
1 EL Paprikapulver
1 TL gehäuft Currypulver
9 Scheiben Bacon (Frühstücksspeck)

Zubereitung

- Die Zwiebel und den Knoblauch fein hacken, alle Zutaten, bis auf den Bacon, gut miteinander vermischen und durchkneten.
- Aus der Masse ca. 4 cm Durchmesser und 8-10cm lange Hackwürstchen formen.
- Dann jedes Röllchen mit einer Scheibe Bacon umwickeln. Der Bacon muss nicht gesondert befestigt werden.
- Nun, bei mehrmaligen wenden, für ca. 10-15 Minuten auf den Grill. Fertig!

Kräuterbutter

Zutaten
150 g Butter
3 Zehen Knoblauch
1 TL Zitronensaft
1 Spritzer Worcestersauce
1/2 TL Salz
1 Prise weißer Pfeffer
½ Bund Petersilie
½ Bund Basilikum

Zubereitung

- Als erstes die Butter weich werden lassen.
- Anschließend den Knoblauch pressen und mit Salz und Pfeffer vermischen.
- Den Zitronensaft und die Worcestersauce hinzufügen und alles in die weiche Butter einrühren.
- Gehackte Kräuter hinzufügen und die Butter in Pergamentpapier (Butterbrotpapier) zu einer Rolle formen und in den Kühlschrank legen.

Bruschetta mit Tomaten und Knoblauch

Zutaten
5 Fleischtomaten
2 Knoblauchzehen
5 EL Olivenöl oder Salatöl
2 Ciabattabrote
1 TL Tomatengewürzsalz
1/2 Stange Lauchzwiebeln (nur das Grün)

Zubereitung

- Die Tomaten waschen, vom Grün befreien und dann in kleine Würfel schneiden.
- Dann den Knoblauch sehr klein schneiden, zu den Tomatenstücken geben und mit gut 3 El. Öl sowie 1-2 Teelöffel Tomatengewürzsalz und den sehr klein gehackten Lach vermischen!
- Unbedingt mindestens 2 Stunden im Kühlschrank ziehen lassen. Den Backofen auf ca. 180-200°C (Umluft) vorheizen und die Tomatenstücke aus dem Kühlschrank nehmen.
- Dann das Ciabattabrot in ca. 1 cm dünne Scheiben und anschließend mit dem restlichen Öl beträufeln.
- Backpapier auf ein Backofengitter legen und die darauf ausgebreiteten Ciabattascheiben in der Mitte des Ofens goldfarben backen. Achten Sie darauf,

das Brot nicht zu dunkel zu backen, sonst wird es zu hart.

- Die Ciabattascheiben aus dem Ofen holen und mit den Tomaten-Knoblauch-Stückchen belegen. Je nach Geschmack ca. 1/2 - 1 Esslöffel Tomatenstücke pro Scheibe.

Mariniertes Thunfischsteak

Zutaten
4 Steaks vom Thunfisch
2 Knoblauchzehen
2 EL süße Sojasauce (Ketjap Manis)
1 EL Balsamico
2 EL Öl
Salz und Pfeffer
etwas getrocknete zerkrümelte Chilischote

Zubereitung

- Man hacke den Knoblauch fein und gebe ihn in eine Schüssel.
- Anschließend geben Sie die Sojasauce, den Balsamicoessig und das Öl hinzu. Gut verrühren und mit Salz, Pfeffer und Chili pikant abschmecken.
- Nun kommen die Thunfischsteaks in die fertige Marinade. Das ganze nun für 1 Stunde in den Kühlschrank stellen.
- Danach sehr kurz grillen.

Grillbrot

Zutaten
500 g Mehl (Typ 550)
250 g Bier oder Wasser
10 g Salz
40 g Hefe

Zubereitung

- Alle Zutaten mischen und mindestens 5 Minuten kneten.
- Anschließend 30 Minuten ruhen lassen.
- Aus dem Teig ca. 15 Teile abstechen und zu flachen Fladen ausarbeiten. Nochmals ca. 20 Minuten gehen lassen, bis die Fladen Volumen haben (ca. 50% Vergrößerung).
- Die Fladen bemehlen (evtl. zusätzlich mit Olivenöl bepinselt) auf dem Grill (Grillgitter auf obere bis mittlere Höhe schieben) langsam unter häufigem Wenden backen. Achtung: Je nachdem, wie heiß der Grill ist, können die Brötchen bzw. Fladen recht schnell verbrennen, also gut aufpassen.

www.ingramcontent.com/pod-product-compliance
Lightning Source LLC
Chambersburg PA
CBHW071830080526
44589CB00012B/973